# ORCHIDEEN

DER GROSSE NATURFÜHRER

# ORCHIDEEN

in Haus und Garten – Arten, Aufzucht, Pflege

Manfred Döpper – Wolfgang Unterlercher

VERLEGT BEI
KAISER

Der Verlag dankt den Herren Manfred Döpper, Michael Forstner
und Adolf Koffler für die Bereitstellung der Fotos.
Farbige Zeichnungen: Werner Lössl
Zeichnung auf Seite 11 nach einem Foto von Thomas Ederer

**Deutsche Erstausgabe**


Neuauflage 2007
www.kaiserverlag.com
E-Mail: office@kaiserverlag.com

Einbandgestaltung: Context Type & Sign Pink – Markus Kurrent
Satz: Context Type & Sign Pink, St. Veit/Glan
Gesamtherstellung: Gorenjski Tisk, Kranj-Slowenien

# Inhaltsverzeichnis

# Einführung

Orchideen sind prächtige und wunderschöne Pflanzen, haben symmetrische Formen, zeigen faszinierende Farbkombinationen, wirken äußerst verführerisch und haben eine sehr interessante Ökologie. Ihre Blüten sind so kompliziert gebaut wie bei keiner anderen Pflanze, und wen die Vielfalt der Blütenformen, -farben und -gerüche einmal in ihren Bann gezogen hat, der kommt oft ein Leben lang nicht mehr davon los. Denn dem aufmerksamen Betrachter von Orchideen eröffnet sich eine faszinierende, unglaublich vielfältige Welt.

Abgesehen von Polargebieten und Vollwüsten gibt es praktisch in allen Klimazonen der Erde Orchideen. In den kühlen und gemäßigten Breiten kommen sie nur als »Erdorchideen« vor, das heißt sie wurzeln tief im Boden und überdauern in unterirdischen Teilen die kalte Jahreszeit, während die Blätter erst im Frühjahr erscheinen und im Herbst wieder verschwinden. Ganz besonders artenreich sind diese Erdorchideen im Mittelmeerraum. Heute ist es möglich, diese faszinierende Vielfalt ins eigene Heim zu holen, auch wenn die Sammlung meist sehr bescheiden auf der Fensterbank beginnt. Oft ist aber die erste Orchideenpflanze nur der Grundstein zu einer mehr oder weniger großen Sammlung, denn dem Reiz dieser Pflanze kann sich kaum jemand entziehen.

Der Name Orchidee ist aus dem griechischen Wort »orchis« (= Hoden) abgeleitet, weil bei einer einheimischen Orchideengattung, den so genannten Knabenkräutern, die Wurzelknollen eine hodenähnliche Form besitzen. Diese Gattung hat den Namen »Orchis« bekommen, der dann für die gesamte Pflanzenfamilie übernommen wurde.

Früher waren tropische Orchideen in Europa etwas ganz Besonderes. Sie wurden nämlich direkt in den Regenwäldern gesammelt, mussten anschließend weite Schiffsreisen überstehen, waren dadurch extrem teuer und dann auch schwierig zu halten. Beides hat sich in den vergangenen Jahrzehnten grundlegend geändert. Dank moderner Zuchtverfahren steht dem Blumenfreund heute eine Vielzahl dieser exotischen Pflanzen zur Verfügung, die meist auch problemlos auf der Fensterbank gedeihen. Ein paar kleine Besonderheiten bei der Pflege sind aber dennoch zu beachten. Die folgende Einführung soll all denen eine Hilfe sein, die mehr über die Haltung erfahren wollen.

## ENTSTEHUNG VOR 50 BIS 60 MILLIONEN JAHREN

Es wird vermutet, dass die ersten Vorläufer der Orchideen vor 50 bis 60 Millionen Jahren im heutigen Gebiet von Indonesien entstanden sind und eine terrestrische Lebensweise besaßen.

Der Übergang zum epiphytischen Dasein ist jüngeren Ursprungs. Der erdgeschichtlich älteste fossile Orchideenfund stammt aus den 80er-Jahren des vergangenen Jahrhunderts. Aufgrund der Fundschicht wird das Alter des als gesichert bezeichneten Fundes auf ca. 15 Millionen Jahre angegeben. Die davor bekannten, fossilen Orchideen, die als nicht ganz eindeutig eingestuft werden, sind nur etwa 2 Millionen Jahre alt. Allerdings ist zu den Orchideenfossilien zu bemerken, dass sich Orchideen aufgrund ihres zarten Pflanzenwuchses sehr schlecht zur Fossilbildung eignen. Es wurden daher bislang auch nur ganz wenig fossile Orchideen gefunden, von denen manche von einigen Forschern überdies angezweifelt werden.

Als sehr junge Pflanzenfamilie haben Orchideen ihre endgültige Form noch nicht gefunden. Orchideenliebhaber können also sozusagen an ihrer Evolution direkt teilnehmen. Diese Tatsache wird von fast allen Orchideenforschern anerkannt und dürfte wohl auch der Grund sein, warum sich so relativ leicht Hybriden in einer fast unüberschaubaren Vielzahl bilden.

Diese Hybridenbildung kommt nicht nur in der Natur vor (so genannte Naturhybriden), sondern wird auch künstlich durch den Menschen beeinflusst. Die Zahl der künstlichen Befruchtungen beträgt inzwischen fast das Doppelte der Zahl der in der Natur vorkommenden etwa 30.000 Orchideenarten! Man kann also sagen, dass Orchideen ständig »in Bewegung« sind.

## LEBENSWEISE

Es gibt terrestrische, epiphytische und darüber hinaus so genannte lithophytische Orchideen.

Die terrestrischen Orchideen wachsen wie die meisten Pflanzen auf dem Erdboden und verankern ihre Wurzeln zur Nährstoffaufnahme im Erdreich. Zu diesen so genannten Erdorchideen zählen neben unseren einheimischen Orchideen z.B. die meisten Arten der Gattung Paphiopedilum.

Einige Orchideenarten kommen auch lithophytisch, d.h. auf Steinen und Felsen wachsend, vor. Die größte Zahl der tropischen Orchideen sind jedoch Epiphyten. Sie sind jedoch keinesfalls Schmarotzer oder Parasiten, sondern nur ganz harmlose »Aufsitzer« (griechisch *epi* = auf, *phyton* = Pflanze), die in den tropischen Wäldern auf den Bäumen sitzen, um näher am lebensnotwendigen Sonnenlicht zu sein. Epiphytische Orchideen schädigen also keineswegs die Bäume, auf denen sie wachsen, sondern sind sozusagen nur »Gäste« dort.

Mit Hilfe ihrer Wurzeln klammern sie sich an die Äste. Es erscheint erstaunlich, dass sie dort, hoch über dem Boden, scheinbar ohne Nahrung existieren können. Doch da in den Tropenwäldern die Luft extrem feucht ist, nehmen die aufsitzenden Orchideen mit ihren meist kräftigen und zahlreichen Luftwurzeln diese Feuchtigkeit aus der Luft auf. Außerdem sind die Äste von einer hauchdünnen Humusschicht bedeckt, die sich aus vermodernden Pflanzenteilen bildet. Und schließlich bringt auch der Regen Nährstoffsalze, z.B. aus Tierexkrementen, an die Klammerwurzeln heran.

*Oben links:* Chilochista usenoides
*Oben rechts:* Ascocentrum ampullaceum
*Unten:* Dactylorhiza majalis

# Charakteristika von Orchideen

Die Familie der Orchideen besitzt einige bestimmte charakteristische Merkmale, die sie von anderen Pflanzenfamilien unterscheiden.

1. Die Blüten haben nur eine einzige Symmetrie-Ebene, d.h. sie sind spiegelsymmetrisch aufgebaut.
2. Die Pollenkörner kleben zu so genannten Pollinen zusammen.
3. Die Samen sind mikroskopisch klein und bestehen aus unentwickelten Embryonen ohne Nährstoffgewebe.
4. Die Keimung der Samen kann nur mit Hilfe von Bodenpilzen erfolgen.

Diese vier ganz speziellen Merkmale kommen zwar einzeln auch bei anderen Pflanzenfamilien vor, doch in ihrer Gesamtheit nur bei Orchideen. Außerdem besitzen Orchideen als einkeimblättrige Pflanzen wie die übrigen dieser Klasse parallelnervige Blätter.

**VERBREITUNG**
Die Familie der Orchideen (Orchidaceae) zählt zu den formenreichsten der ganzen Pflanzenwelt. Mit ihrer raffinierten Anpassung an unterschiedlichste Standorte und Bestäuber haben sich Orchideen als wahre Überlebenskünstler erwiesen.
Während die Wiege der Orchidee vermutlich im tropischen Asien liegt, sind Orchideen heute praktisch auf der ganzen Erde verbreitet, ausgenommen die Wüstengebiete und das ewige Eis.
Die heutigen Zentren der Verbreitung (mit 90% aller Arten) befinden sich jedoch ebenfalls in den Tropen, und zwar von Asien, Afrika und Amerika. Aus diesen drei Gebieten sowie aus Australien stammen fast alle in Kultur befindlichen Orchideen. Aus Afrika und Australien kommen vergleichsweise nur ganz wenige Gattungen. Die bekanntesten Gattungen aus Afrika sind Aerangis und Angraecum. Aus Australien stammen u.a. verschiedene Dendrobium- und Cymbidium-Arten.
Tropische Orchideen haben aber nicht nur die warmen Gebiete in Meereshöhe erobert, sondern auch die temperierten und kühlen Zonen der Gebirge. Es gibt sogar manche Coelogyne-Arten, die im Himalajagebiet auf über 3000 m Höhe wachsen. Und in den südamerikanischen Anden kann man sogar vereinzelte Odontoglossum- und Oncidium-Arten in Höhen von 4000 m und mehr finden!

# Lebensraum, Ursprung und Verbreitung

**VORKOMMEN**
Die meisten Arten leben innerhalb des Tropengürtels, nur 10% findet man außerhalb. In den Tropen besiedeln Orchideen ganz im Gegensatz zu den in der Erde wurzelnden Arten auch lichtdurchflutete Baumwipfel oder kahle Felspartien, also alles Standorte, die sehr viel Sonne erhalten.
Die Zahl der Felsbewohner ist relativ beschränkt. Diese so genannten »lithophytischen« Orchideen findet man häufig fest auf der Rinde der Urwaldbäume in luftiger Höhe angekrallt. »Aufsitzer« oder Epiphyten nennt man alle Gewächse aus den verschiedensten Pflanzenfamilien, die sich sozusagen als »hängende Gärten« hoch oben ansiedeln. Sie sind keinesfalls Parasiten, die den tragenden Baum in irgendeiner Form schädigen. Trotzdem haben die Einwohner Brasiliens sie als »parasitos« bezeichnet, wohl in Unkenntnis der wahren Zusammenhänge. Allerdings können sie einen Schaden anrichten: Sie können so schwer werden, dass unter ihrer Last schließlich der »Gastwirt« zusammenbricht.

**URSPRUNG UND HERKUNFT**
Während die ersten Blütenpflanzen schon in der Kreidezeit, also vor etwa 13 Millionen Jahren, auftraten, ist die Entstehung der Orchideen recht unsicher. Versteinerte

Überreste stammen, noch dazu in ganz undeutlichen Abdrücken, erst aus der »jüngsten« erdgeschichtlichen Vergangenheit, vor rund 2 Millionen Jahren. Man nimmt also an, dass sie in ihrer heutigen Vielfalt vor etwa 40–60 Millionen Jahren entstanden sind. Als Ursprungsgebiet scheinen die asiatischen Tropen wahrscheinlich, da sich hier die meisten tropischen Erdorchideen finden. Scheinbar dürfte die epiphytische Lebensweise eine »spätere«, äußerst nützliche Erfindung dieser Pflanzen gewesen sein. In Ostasien findet man auch besonders artenreiche Gattungen. Sie hatten viel länger als ihre südamerikanische Verwandtschaft Zeit, sich immer weiter zu entwickeln. Aber das sind lediglich Hypothesen, die nur durch die Artenzahl und deren Verbreitung recht gut untermauert sind.

# Die Erforschung

Erst im vorletzten und letzten Jahrhundert setzte ein vermehrtes Interesse für die tropischen Orchideen ein. Vor allem die Engländer verstanden es, das Angenehme mit dem Nützlichen zu verbinden: In Großbritannien entstand sogar ein wahrer »Orchideen-Boom«. Aus den Kolonien kam eine Vielzahl von Orchideen nach Europa und fanden Platz in den Glashäusern und Gärten wohlhabender Bürger. Allerdings fehlte lange Zeit die Erfahrung. Die Glashäuser wurden sinnigerweise als »hothouses« bezeichnet, und tatsächlich starben viele Pflanzen dort einen feuchtwarmen Wärmetod. Für den stetigen Nachschub sorgten große Gärtnereien, die in allen warmen Gebieten der Erde Sammler beschäftigten. Diese sandten oft unter den abenteuerlichsten Bedingungen Pflanzen zu den großen Auktionen. Oft wurden mehrere tausend Exemplare einer einzigen seltenen Art versteigert. Manche Sammler holzten oft ganze Gebiete ab und verbrannten alles, was nicht transportfähig erschien, um zu verhindern, dass auch die Konkurrenz an diese wertvollen Pflanzen kam! Traurigerweise waren es oft gerade »Gärtner«, die diesen Raubbau organisierten und damit den Orchideen großen Schaden zufügten. Viele heutige Orchideennamen stammen von solchen Unternehmen (Sander), von erfolgreichen Liebhabern (Cattley) oder von besonders erfolgreichen Sammlern, den so genannten »Orchideenjägern« (Skinner). Der Vorteil war, dass den Botanikern sehr viel Material zur Verfügung stand. Die Erforschung bzw. Beschreibung ging sehr rasch

*Links:* Cattleya-Hybride

voran und nach und nach kam Ordnung in die Vielfalt. Bald erschienen auch hervorragend illustrierte Werke mit zahlreichen Abbildungen, welche die Botaniker entweder zeichnen ließen oder selbst anfertigten und die zu den schönsten Blumenporträts dieser Zeit gehören.

*Oben:* Cattleya-Hybride
*Unten: Orchideensame*

# Ausbreitung

Es stellt sich natürlich die interessante Frage: Wie kommen die Epiphyten überhaupt auf die Bäume? Orchideen besitzen die kleinsten und feinsten Samen aller Blütenpflanzen. Sie sammeln überhaupt keine Nahrungsvorräte für ihre Keimlinge und speichern weder Stärke wie Bohnen oder Getreidekörner noch Fette wie die Ölsaaten. Auf diese Weise können manche Orchideen mit Leichtigkeit in ganz kleinen Fruchtkapseln Millionen hauchfeiner Samen produzieren, die der Wind, wie wir es von den Sporen der Farne kennen, überallhin verfrachtet.

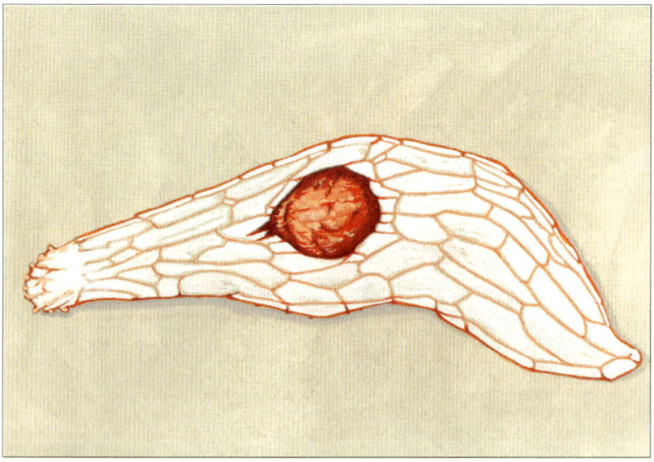

Aber solche Samen können natürlich nicht allein wachsen, sondern brauchen zur Keimung eine ernährende »Amme«. Sie entwickeln sich nur dann, wenn sie vom Fadengeflecht eines Pilzes infiziert werden, den sie sozusagen zur Nährmutter umprogrammieren. Später wird dieser Pilz oft nicht mehr gebraucht und die Orchidee kommt allein zurecht.

**DIE SITUATION HEUTE**

Durch das Washingtoner Artenschutzabkommen sind die Wildorchideen theoretisch vor der weiteren Ausplünderung geschützt. Da aber Zollbeamte bei Gewächsen ohne Blüten überhaupt nicht in der Lage sind, festzustellen, ob das betreffende Gewächs eine geschützte Orchidee ist oder nicht, hat sich eigentlich sehr wenig geändert. Positiv ist lediglich, dass auch in den Herkunftsländern immer mehr Gärtnereien einheimische Arten vermehren und dann in einem besseren Kulturzustand exportieren als die in der freien Natur vorkommenden Arten. Dennoch werden immer wieder wild gewachsene Arten als »kultiviert« deklariert und dann exportiert.

**ERNÄHRUNG**

In den Tropen können sich durch die vielen schweren Gewitter aus dem Luftstickstoff Verbindungen bilden, die für die Pflanzen verwertbar sind. Auch gibt es aufgrund des reichen Insekten- und Vogellebens ständig eine rege Zufuhr organischer Substanzen. Und schließlich erfolgt auch die Verwitterung von tierischen und pflanzlichen Überresten viel schneller als in unseren Breiten.

**WURZELSYSTEM**

Epiphytisch wachsende Orchideen haben kein fein verästeltes Wurzelgeflecht: Tagsüber trocknet ja die dem Wind ausgesetzte Rinde völlig aus. Ihre Luftwurzeln sind also eher mit dicken Bindfäden vergleichbar, mit denen sie Halt finden, indem sich die Wurzeln an jede Unterlage anklammern. Das geht sogar so weit, dass sie zum Leidwesen vieler Orchideenzüchter innen oder auch außen an Töpfen derartig fest haften, dass man sie gar nicht umpflanzen kann, ohne die Wurzeln zu verletzen. Und dies kann oft zu Wachstumsstockungen führen. Luftwurzeln sehen übrigens ganz anders aus als die Wurzeln, die man beim Umgraben im Garten bei anderen Pflanzen kennt: Es sind glatte weißliche, wenig verzweigte dickliche »Schnüre«. In ihrem Inneren enthalten sie blattgrünhaltiges Gewebe, können also mit Hilfe des Lichts, der Luftfeuchte und dem Kohlendioxid der Luft Nährstoffe aufbauen. Es gibt sogar Arten, die deshalb gar keine Blätter brauchen. Außen, rund um die grüne Mittelachse mit ihren Wasserleitungsbahnen, sitzt ein weißlich wirkendes, luftgefülltes, schwammartiges Gewebe, das so genannte Velamen. Bei Regen oder Tau saugt es sich voll mit Wasser. Dann werden die Luftwurzeln noch dunkler, die Nässe wird aufgenommen und meistens in den knollenartigen Verdickungen der Sprosse, den so genannten Pseudobulben, gespeichert. Orchideen, bei denen diese Pseudobulben fehlen, stammen aus Gebieten ohne lange Trockenzeiten, haben es also nicht notwendig, Vorratswirtschaft zu betreiben. Noch wichtiger ist aber die Funktion des Velamens als Feuchtigkeitsregulator: Es ist nämlich in der Lage, auch den hohen Wassergehalt der Luft feuchter Regen- und Nebelwälder zu nutzen. Auch hat man nachgewiesen, dass es – ebenso wie die Blätter – Nährstoffe aufnehmen kann.

*Unten: Längsschnitt durch eine Orchideenblüte*
*A: Fruchtknoten mit Samenanlagen*
*B: Narbenkanal*
*C: Säule*
*D: Pollinarium*
*E: Antherenklappe*
*F: Narbenlappen*
*G: Narbe*

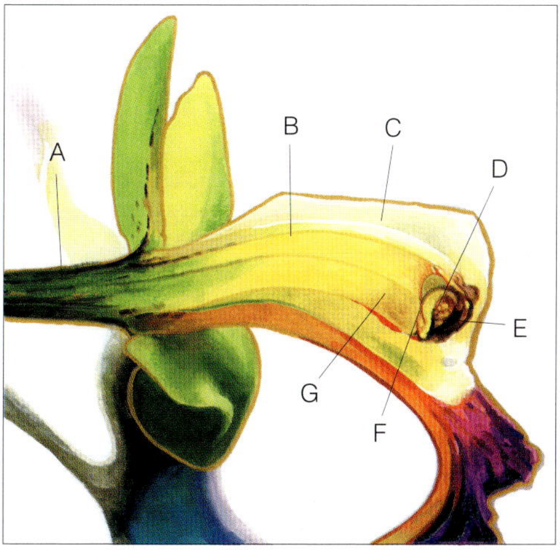


**DIE BLÜTE**

Der oft sehr bizarre Eindruck der Blüten entsteht unter anderem dadurch, dass sie nur eine Symmetrieachse besitzen, die sie in 2 spiegelgleiche Hälften teilt. Die Blüte selbst besteht aus 2 Kreisen mit je 3 Blütenblättern. Die 3 Kelchblätter des äußeren Kreises werden als Sepalen bezeichnet, die 3 Kronblätter des inneren Kreises als Petalen. Eine besondere Rolle spielt das mittlere Petalum. Dieses bildet eine trichter- oder röhrenförmige, oft auch eine flach ausgebreitete Lippe, die meist prächtig gefärbt ist. Mit diesen markanten, oft in-

*Oben: Orchideenblüte von vorne*
*1: äußere Blütenhüllblätter (Sepalen)*
*2: innere Blütenhüllblätter (Petalen)*
*3: Hinterlippe (Hypochil)*
*4: Vorderlippe (Epichil)*
*5: Griffelsäule (Gynostemium) mit Staubblatt und Narbe*

tensiv gefärbten Blüten, locken Orchideen bestäubende Insekten und Vögel an, die sich dann zur Nahrungsaufnahme auf der ausladenden Lippe niederlassen.

## WEITERE BESONDERHEITEN DER ORCHIDEENBLÜTEN

Weibliche und männliche Fortpflanzungsorgane, nämlich Stempel und Staubblatt, sind zur so genannten »Säule« (Columna oder Gynostemium) verwachsen. Die meisten Arten haben nur ein fruchtbares Staubblatt, nur einige wenige besitzen zwei davon.
Die feinen Pollen sind zu einer festen Masse (Pollinen) verwachsen. Der unterständige Fruchtknoten entwickelt sich nach dem Bestäuben zu einer Kapselfrucht.
Die Gruppe der Frauenschuh-Orchideen weicht übrigens in ihrem Blütenaufbau von den übrigen Orchideengattungen ab. Bei ihnen ist das obere Kelchblatt (Sepalum) zu einer eindrucksvollen »Fahne« ausgebildet. Die beiden unteren Kelchblätter sind zusammengewachsen und verschwinden unter der Lippe, die den charakteristischen schuhförmigen Hohlraum bildet. Dieser schöne Schuh ist allerdings eine ausgeklügelte Falle für Insekten. Sind sie einmal darin gelandet, müssen sie bei ihrem Versuch, wieder herauszukommen, an der Säule vorbei. Hier streifen sie unwillkürlich den mitgebrachten Pollen ab oder werden mit neuem beladen.

## DER SPROSS

Orchideen lassen sich grundsätzlich in 2 Gruppen mit unterschiedlicher Wuchsform einteilen: Pflanzen mit monopodialem (einsprossigem) und sympodialem (mehrsprossigem) Wuchs.
Bei den monopodialen wächst der Hauptspross unbegrenzt nach oben und bildet immer neue Blätter, Blüten und auch Wurzeln, während der untere Teil langsam abstirbt. Zu den Monopodialen gehören beispielsweise die Gattungen Vanda und Phalaenopsis.
Die sympodialen Orchideen bilden jährlich an der Spitze eines kriechenden Wurzelstocks einen oder mehrere neue Triebe, während die älteren eintrocknen und schließlich absterben. Zur Gruppe der Sympodialen gehören die meisten großen Orchideengattungen wie Cattleya, Miltonia und Odontoglossum.

## PSEUDOBULBEN

In den knollig verdickten Sprossteilen, den so genannten »Pseudobulben«, speichern die sympodial wachsenden Orchideen Nährstoffe und Wasser. So können sie auch die trockenen Zeiten der Tropen und Subtropen problemlos überstehen. Je nach Art sind Pseudobulben länglich, rund oder auch eiförmig. Bei den monopodialen Orchideen hingegen sind keine speziellen Speicherorgane sichtbar. Hier übernehmen die fleischigen Blätter und Wurzeln die Speicherfunktionen.

## DIE BLÄTTER

Auch die Blätter der Orchideen sind äußerst vielfältig geformt und gefärbt. Allen gemeinsam sind die parallelen Blattnerven. Sie sind ein Merkmal dafür, dass Orchideen ebenso wie Palmen und Lilien zu den einkeimblättrigen Pflanzen gehören. Tropische Orchideen behalten ihr Laub meist mehrere Jahre lang. Einige Pflanzen mit besonders ausgeprägter Ruhezeit, wie zum Beispiel manche Calanthe-Arten, verlieren die Blätter jedoch bereits kurz vor oder während der Ruhephase. Allerdings bilden sie dann in der Wachstumsphase schnell und reichlich neue Blätter.

**DIE WURZELN**
Sie sind das Kernstück der Orchideen, kräftig, dick und perfekt angepasst an die Bedingungen ihres Naturstandorts. Umgeben sind sie von einem schwammartigen Gewebe, dem Velamen, das sich in Sekunden mit Wasser voll saugt und die Feuchtigkeit dann langsam an die eigentliche Wurzel im Inneren abgibt. Auf diese Weise können Orchideen, die in den Tropen, wie oben erwähnt, meist als »Aufsitzer« auf Bäumen siedeln, die notwendige Feuchtigkeit aus der Luft aufnehmen. Die Luftwurzeln dienen zugleich als Haftorgane, mit denen sich die Pflanzen in der Baumrinde verankern. Die Wurzeln sind jedoch sehr wandlungsfähig: Werden Aufsitzer-Orchideen im Topf kultiviert, verwandeln sich ihre Luftwurzeln nämlich, sobald sie in das Substrat gelangen, in Bodenwurzeln.

# Was Orchideen zum Wachsen brauchen

Wie alle Pflanzen benötigen auch Orchideen Licht, Luft, Wasser und Nährstoffe und vor allem passende Temperaturbedingungen. Es wurde schon erwähnt, dass diese Bedingungen denen an ihrem Heimatstandort entsprechen müssen und dass man nicht alle Orchideenarten unter einheitlichen Bedingungen halten kann. Ihre Ansprüche sind nämlich so verschieden wie die Klimazonen, die sie besiedelt haben. Eigentlich kann man auch die genannten Wachstumsfaktoren gar nicht schematisch voneinander trennen: Trockener zu haltende Orchideen brauchen eben weniger Wasser, ebenso die Arten, welche kühlere Bedingungen lieben. Schattenliebende Orchideen brauchen gleichmäßigere Feuchte als solche, welche auch die direkte Sonne vertragen usw.

**LICHT**
Wie alle anderen Wachstumsfaktoren sind auch die Lichtbedürfnisse so unterschiedlich wie die Standorte der heimischen Orchideen. Problematisch sind die gern auf abgestorbenen Bäumen wachsenden Epiphyten, die sehr viel Licht bekommen, während andere am Waldboden wachsende Arten eine weitaus geringere Lichtmenge brauchen. Bei den meisten Orchideen liegt der Bedarf an Licht aber irgendwo zwischen den beiden Extremen: Sie lieben einen hellen bis halbschattigen Standort und brauchen in Kultur, wo sie bei weitem nicht so robust werden wie in der freien Natur, im Sommer sogar Schatten (zumindest über Mittag). Werden sie zu dunkel gehalten, verkümmern sie, während sie in der prallen Sonne verbrennen. Das ist aber keine reine Eigenart von Orchideen, sondern auch von anderen Zimmerpflanzen. Viel problematischer sind da schon unsere lichtarmen Winter, vor allem die trüben und nebeligen Novembertage sowie die langen Nächte und Zeiten mit starkem Schneefall. Die Pflanzen brauchen nun viel weniger Wasser und niedrigere Temperaturen, damit sie diese kargen Zeiten gut überstehen können. Wenn man jetzt z.B. zu viel gießt, fangen sie an zu treiben, haben aber zu wenig Licht und verbrauchen in diesem Teufelskreis ihre ganzen Reserven.

**LUFT UND NÄHRSTOFFE**
In der Regel reicht in Wohnungen die normale Luftbewegung aus, wenn genügend gelüftet wird. Dabei muss allerdings direkte Zugluft auf die Orchidee unbedingt vermieden werden.
Wie alle Gewächse entnehmen auch die Orchideen der sie umgebenden Luft das Kohlendioxid, das allerdings nur in geringster Konzentration vorkommt. In Wohnungen ist durch die Atemluft der Menschen der Kohlendioxidpegel sogar etwas höher, weshalb hier Orchideen oft besonders gut gedeihen. Unbedingt vermieden werden sollte allerdings Zigaretten-, Pfeifen- und Zigarrenrauch. Für manche Pflanzen bedeutet das einen raschen Tod.
Als Nährstoffe geeignet sind praktisch alle im Handel geführten Blumendünger. Auf den Packungen sind die Mengen angegeben, die man zur Herstellung von 1 Liter

gebrauchsfertiger Düngelösung verwendet. Alle diese Präparate sind Mineraldünger, sind also aus Salzen zusammengestellt. An organischen Düngemitteln gibt es im Handel normalerweise nur Guano, der auch in flüssiger Form erhältlich ist. Viele Orchideen wachsen mit organischem Dünger weitaus besser.
Wichtig ist, dass man in der Wachstumszeit mehr düngen muss als im Winter. Ab August etwa sollten die Pflanzen kaum noch stickstoffhaltige Präparate erhalten, sondern mehr Kalium und Phosphate. Diese fördern die Blütenbildung weitaus mehr.

**DIE ORCHIDEENPFLANZSTOFFE**
Wenn es einen Pflanzstoff gibt, den Orchideen überhaupt nicht vertragen, dann ist es Erde! Daher sind Blumentöpfe eigentlich die ungünstigsten Behälter für Aufsitzerpflanzen. Die Töpfe haben nur den Zweck, der Orchidee Halt und wenigstens ihren Wurzeln eine feuchte Umwelt zu bieten. Nässe vertragen Luftwurzeln überhaupt nicht, sie verfaulen dann sehr rasch.
Man kann zwei Gruppen von Pflanzstoffen unterscheiden: solche, die durch langsame Verwitterung laufend Nährstoffe abgeben, also kaum Düngung erfordern. Die zweite Gruppe enthält überhaupt keine von der Wurzel aufnehmbaren Verbindungen. In diesem Fall müssen die Pflanzen also regelmäßig mit Dünger versorgt werden. Alle Substrate sollten zwar nach dem Gießen ein wenig Feuchtigkeit festhalten, aber doch so locker und luftig sein, dass Tropfnässe rasch abzieht und sich die Wurzeln darin gut ausbreiten können.

**DIE PASSENDE ERDE**
Die meisten Orchideen wachsen in ihrer Heimat auf Bäumen. Sie nutzen die Äste der Urwaldriesen als Unterlage, um so besser an das im Regenwald so knappe Licht zu kommen. Die Wurzeln der Orchideen nehmen einen Teil der benötigten Nährstoffe aus der Luft und dem Regenwasser auf. Sie stecken also nicht in der Erde, sondern hängen zum Teil frei in die Umgebung. Werden sie mit Erde abgedeckt, so verfaulen sie innerhalb weniger Wochen. Um die Wurzeln in unseren Wohnzimmern feucht zu halten, ohne sie von der Luft abzuschnüren, gibt es spezielle Orchideensubstrate. Wenn man eine Orchidee kauft, befindet sich diese bereits in einem solchen Substrat. Es besteht meistens aus Rinde, Torf, Styropor und anderen Zusätzen, die zwar Wasser halten, aber dennoch luftdurchlässig sind. Alle 2–3 Jahre muss eine Orchidee umgetopft werden. Erst dann ist es wichtig, keine Blumenerde, sondern Orchideensubstrat zu verwenden, das in jedem Gartencenter angeboten wird. Wie so oft, gibt es auch hier Qualitätsunterschiede.

**RICHTIG GIESSEN**
Wachsende Orchideen brauchen eine hohe Luftfeuchtigkeit. Bei den Arten aus den immerfeuchten Regenwäldern ist das selbstverständlich, aber auch die Pflanzen aus den tropischen Gebirgswäldern sind an Feuchtigkeit gewöhnt. Diese Wälder heißen nicht zu Unrecht »Nebelwälder«, denn die Luftfeuchtigkeit überschreitet oft den Taupunkt und die Nässe tropft von allen Blättern und Zweigen herab. Aber auch Orchideen aus Gebieten mit langer Trockenzeit, in der sie oft eine Ruhezeit durchmachen und oft sogar die Blätter abwerfen, wachsen kraftvoll weiter, wenn die Regenzeiten kommen und die Luftfeuchtigkeit wieder stark ansteigt.
In erster Linie hängt der Kulturerfolg bei Orchideen vom richtigen Gießen ab. Nur wenige Pflanzen vertrocknen, 90% aller Zimmerpflanzen sterben jedoch den »Ertrinkungstod«.
Die Folge von zu viel Wasser ist Sauerstoffmangel im Wurzelbereich, sodass die Wurzel erstickt und die Pflanze verhungert. Nur wenn Wasser in ausreichender Menge nachgeführt wird, kann die Orchidee wachsen. Eine geschädigte Wurzel kann diese Aufgabe nicht mehr erfüllen, auch wenn eigentlich genug Wasser vorhanden ist. Grundsätzlich dürfen Orchideen also nur gegossen werden, wenn das Substrat wirklich trocken ist!
Der Hauptfeind jeder Orchidee ist zweifellos die Fäulnis. Sie führt innerhalb von wenigen Wochen zum Tod der Pflanze. Viele Orchideen, die zu Hause auf der Fenster-

bank gepflegt werden, ereilt dieses Schicksal. Man sollte also unbedingt mit Bedacht gießen. Bei einem Topf mittlerer Größe reicht es, im Winter einmal in der Woche zu gießen. Im Sommer sollte man dies zweimal wöchentlich tun. Wie oft eine Orchidee genau gegossen werden muss, hängt von der Topfgröße und natürlich von der Art der Orchidee ab. Es gibt jedoch einen einfachen Trick, mit dem man überprüfen kann, ob die Orchidee Wasser braucht: Man hebt sie kurz an. Erscheint die Pflanze ungewöhnlich leicht, muss gegossen werden. Ist der Topf noch schwer, kann mit dem Gießen noch gewartet werden. Das Orchideensubstrat darf also zwischen den Wassergaben deutlich abtrocknen. Als zweite Faustregel gilt: Wächst die Orchidee, braucht sie mehr Wasser, zeigt sie kein aktives Wachstum und ist in der Ruhepause, sollte man das Gießen einschränken.
Wenn gegossen wird, dann kräftig. Das überschüssige Wasser muss unten aus dem Topf herauslaufen. Töpfe, in denen Orchideen verkauft werden, haben Löcher im Boden, aus denen das Wasser abfließen kann. Stellt man die Pflanze in einen Übertopf, wird sie zum Gießen am besten aus diesem entnommen. So kann sich kein überschüssiges Wasser im Übertopf sammeln und die Orchidee »ertränken«. Zusätzlich ist es sinnvoll, eine 2–3 cm dicke Schicht Blähton oder Kiesel auf den Grund des Übertopfes zu legen. Nachträglich aus dem Topf fließendes Wasser wird so von dieser Schicht aufgenommen. Auf keinen Fall darf die Pflanze im Wasser stehen, sonst tritt unweigerlich Fäulnis auf. Zum Gießen eignet sich am besten sauberes Regenwasser. Robuste Orchideen-Hybriden (Kreuzungen), wie sie für Anfänger geeignet sind, vertragen aber auch normales, eventuell abgestandenes Leitungswasser. Das verwendete Wasser sollte Zimmertemperatur haben. Niemals dürfen nach dem Gießen Wassertropfen auf der Pflanze zurückbleiben, da dies schnell zur Verbreitung von Pilzen führt, welche sich durch Flecken auf den Blättern bemerkbar machen.

**DIE RELATIVE FEUCHTIGKEIT**
Abhängig von der jeweiligen Temperatur kann die Luft nur eine ganz bestimmte Wassermenge aufnehmen, bis das Luftvolumen mit Wasser gesättigt ist, die Luftfeuchtigkeit also 100% beträgt. Je wärmer die Luft ist, desto mehr Wasser kann in ihr unsichtbar als Feuchtigkeit enthalten sein.
Epiphytisch wachsende Orchideen brauchen also nächtliche Abkühlung, weil nur dadurch die relative Feuchte so stark zunimmt, dass ihre Luftwurzeln in der Lage sind, Wasser aus der sie umgebenden Atmosphäre aufzunehmen.

**DÜNGEN – WENIGER IST OFT MEHR**
Orchideen sind wahre Hungerkünstler und man tut der Pflanze nichts Gutes, wenn man sie einmal in der Woche kräftig düngt. Die Wurzeln sind sehr salzempfindlich und sterben bei zu hohen Düngergaben ab. Für die Düngung gilt eine einfache Regel: Wächst an der Orchidee ein neues Blatt oder ein Trieb, sollte gedüngt werden. Wächst die Orchidee nicht, kann auf die Düngung verzichtet werden. Da die meisten Orchideen vom Frühling bis zum Herbst im Wachstum sind, sollte in dieser Zeit alle 2–4 Wochen gedüngt werden.
Am besten eignet sich ein Orchideendünger, den es in jedem Gartencenter zu kaufen gibt. Orchideendünger sind von ihrer Nährstoffzusammensetzung speziell auf die Bedürfnisse dieser Pflanzen zugeschnitten und sind stärker verdünnt als andere Dünger. Die auf der Packung angegebene Konzentration sollte niemals überschritten werden, eher ist es sinnvoll, nur mit halber Konzentration zu düngen.

**ORCHIDEEN FÜR JEDEN STANDORT**
Für fast jedes Fenster einer Wohnung gibt es die passende Orchidee. Ausschlaggebend sind die Licht- und Temperaturverhältnisse des Fensters. Für die meisten Orchideen geeignet sind West- oder Ostfenster. Sie bieten zwei Vorteile: Am Abend oder am Morgen, wenn die Sonne nicht mehr oder noch nicht so stark scheint, fällt sie direkt auf die Pflanzen. Während der Mittagsstunden stehen ihre Orchideen zwar hell, jedoch werden sie nicht von der direkten Sonne getroffen. Diese verbrennt nämlich die Blätter bei zu starker Bestrahlung. Steht kein West- oder Ostfenster zur Verfügung, sollte man vor dem Kauf einer Pflanze in Erfahrung bringen, welche

*Oben: Phalaenopsis*

Lichtmenge sie braucht. Es gibt Arten, die nicht allzu empfindlich auf direkte Sonne reagieren, also auch am Südfenster stehen können. Dies sind z.B. die Arten und Kreuzungen der Gattung Cattleya und Vanda, welche besonders lichthungrig sind. Aber auch diese Orchideen halten nicht alles aus. Vor allem im Hochsommer sollte man sie in den Schatten einer größeren Pflanze (z.B. einer Palme) stellen. Auch auf Nordfenstern gedeihen viele Orchideen. Allerdings darf das knappe Licht hier nicht auch noch durch Bäume o.ä. abgedunkelt werden. Ist dies der Fall, muss mit Kunstlicht gearbeitet werden. Mit vergleichsweise wenig Licht kommen z.B. die Orchideen der Gattung Paphiopedilum (Frauenschuh) und Phalaenopsis aus. Sie vertragen allerdings auch keinesfalls direkte Mittagssonne!
Und noch eine Voraussetzung muss eine Fensterbank erfüllen, wenn Orchideen auf ihr gut gedeihen sollen. Die Pflanzen müssen so stehen, dass im Winter die warme Heizungsluft nicht direkt auf die Blätter strömt. Diese vertrocknen dann nämlich leicht.

**DER ORCHIDEENKAUF**

Am besten kauft man Orchideen direkt vom Züchter. Hier ist die Auswahl am größten, die Preise liegen nicht über denen eines Gartencenters und die Beratung ist meistens kompetent und ausführlich. Eine Möglichkeit, weite Fahrten zu vermeiden, bietet das Internet. Viele Orchideenfachbetriebe betreiben eine Internet-Seite, auf der man sich über das Angebot informieren und auch gleich bestellen kann. Leider kann man die Pflanzen auf diesem Weg dann nicht selber aussuchen und ist auf ein wenig Glück angewiesen.
Auch Gartencenter, Baumärkte und Blumenfachgeschäfte bieten Orchideen in großer Auswahl an. Kauft man sie hier, muss man allerdings einiges beachten:

- Die Pflanzen sollten noch nicht allzu lange im Verkaufsraum stehen. Oft ist es dort sehr zugig, was keine Orchidee lange überlebt.
- Die Pflanze sollte frei von Schädlingen und Beschädigungen sein. Es kommt vor, dass beim Auspacken Blätter abgerissen oder Wurzeln abgeknickt werden. Von diesen Pflanzen kann man Anfängern nur abraten, auch wenn sie im Preis ermäßigt sind.
- Die Orchidee sollte ein Schild mit dem vollständigen Namen tragen. Oft werden die Pflanzen ohne oder unter falschem Namen angeboten. Auch eine Pflegeanleitung sollte mitgeliefert werden.

Beachtet man diese Punkte, die eigentlich nicht nur für Orchideen, sondern auch für alle anderen Pflanzen gelten, spricht nichts gegen den Kauf im Gartencenter. Besonders interessant sind Sonderaktionen, bei denen eine breite Auswahl an Orchideen angeboten wird. Diese finden oft im Februar statt (Hauptblütezeit vieler Orchideen).
Bei weitem nicht alle Orchideen sind für Anfänger geeignet. Als Faustregel gilt: Hybride (Kreuzungen) verzeihen anfängliche Pflegefehler leichter als reine Naturformen. Deshalb sollte man zunächst mit der Kultur von Hybriden beginnen und Naturfor-

men erst in die heimische Sammlung aufnehmen, wenn man schon einige Erfahrung im Umgang mit Orchideen hat. Eine ideale Anfänger-Orchidee gibt es eigentlich nicht, weil es sehr von den jeweiligen Bedingungen zu Hause abhängt, mit welcher Orchidee man Erfolg hat. Trotzdem noch ein Tipp: Für warme Zimmer kann man allerdings die Phalaenopsis-Hybriden empfehlen. Allein mit ihnen lässt sich schon eine ganze Sammlung aufbauen, die sehr abwechslungsreich ist und das ganze Jahr über mit Blüten erfreut.

*Oben: Paphiopedilum*

**WELCHE TEMPERATUR IST RICHTIG?**

Nur eine kleine Zahl von Orchideen stammt aus Gebieten, die immer viel Wärme und auch sehr hohe Luftfeuchtigkeit brauchen. Deshalb sind diese Arten auch schwieriger – und teurer – zu halten, als die Pfleglinge, die kühlere Bedingungen bevorzugen und deshalb weit anspruchsloser sind.

Geringe Schwankungen zwischen Tag- und Nachttemperatur sind dagegen für alle Orchideen sehr günstig. Es gibt bereits wissenschaftliche Versuche, die eindeutig beweisen, dass eine solche Nachtabsenkung bessere Ergebnisse bringt als völlig gleichmäßige Temperaturen.

Die Pflegeansprüche von Orchideen sind sehr unterschiedlich. Das gilt besonders für die Temperatur, bei der sie am besten wachsen und blühen. Allgemein unterscheidet man drei Bereiche: warm, temperiert und kalt (kühl). Dahinter verbergen sich folgende Werte:

**Kalt:** Winter (max.) 15° C, Winter (min.) 8° C
Sommer (max.) 18° C, Sommer (min.) 12° C
**Temperiert:** Winter (max.) 20° C, Winter (min.) 14° C
Sommer (max.) 21° C, Sommer (min.) 17° C
**Warm:** Winter (max.) 25° C, Winter (min.) 20° C
Sommer (max.) 28° C, Sommer (min.) 20° C

Wichtig ist es, die Temperaturansprüche der jeweiligen Pflanzen zu kennen. Die folgende Tabelle gibt die Temperaturen in ° C an. Dabei muss man sich nicht ganz exakt an die Angaben halten, denn Orchideen sind in gewissem Maß anpassungsfähig und tolerieren auch Abweichungen.

Temperaturen für Orchideen nach gärtnerischer Einteilung (angegeben sind jeweils die monatlichen Durchschnittstemperaturen in ° C für Zimmer und Gewächshäuser).

| Monat | Kalt | Temperiert | Warm |
|---|---|---|---|
| Januar | 8–12 | 15–18 | 18–24 |
| Februar | 9–13 | 16–18 | 19–24 |
| März | 9–13 | 16–20 | 19–24 |
| April | 10–14 | 16–20 | 20–25 |
| Mai | 11–14 | 18–21 | 20–25 |
| Juni | 12–15 | 18–21 | 20–28 |
| Juli | 12–15 | 18–21 | 20–28 |
| August | 12–15 | 18–21 | 20–28 |
| September | 10–14 | 16–20 | 19–24 |
| Oktober | 9–13 | 16–20 | 19–24 |
| November | 8–12 | 15–18 | 18–24 |
| Dezember | 8–12 | 15–18 | 18–24 |

**RUHEPAUSE**
Viele, aber nicht alle Orchideen durchleben im Laufe eines Jahres eine Ruhepause, in der sie weder blühen noch wachsen. Diese Ruhephase endet mit der Bildung einer Blüte oder eines Neutriebs. In dieser Zeit sollte nur sehr wenig gegossen werden. Auch die Temperatur muss deutlich niedriger liegen als in der Zeit des Wachstums. Das Düngen ist überhaupt ganz einzustellen. Oft fällt diese Ruhepause mit dem Winter zusammen. Gönnt man der Orchidee diese Phase nicht, so bilden sich zwar relativ viele Blätter aus, auf Blüten wartet man dann allerdings vergeblich.

# Umpflanzen und Teilen

**DAS UMPFLANZEN**
Auch Orchideen müssen von Zeit zu Zeit umgepflanzt werden, auch wenn man das nicht öfter als alle 2–3 Jahre tun sollte. Es stellt nämlich eine massive Störung der Pflanze dar. Es sollte dann durchgeführt werden, wenn entweder der Pflanzstoff verrottet ist oder die Pflanzen bereits aus dem Gefäß herauswachsen.
Hierbei gibt es jedoch einige Unterschiede: Die meisten Orchideen wachsen so, dass sie entlang einer waagrechten Achse ein Blatt samt Bulbe nach dem anderen hochschieben. Diese Wachstumsweise wird sympodial genannt. Andere Orchideen wachsen nur entlang einer Achse mehr oder weniger in die Höhe, wie die Arten Vanda oder Phalaenopsis. Sie können deshalb auch viel länger in ihrem angestammten Topf bleiben, da sie sich nicht waagrecht ausbreiten. Gelegentlich entstehen Seitentriebe, die dann ebenfalls nach oben streben. Auch bei ihnen wird im Lauf der Zeit der Topf zu klein. Sie fangen langsam an umzukippen und werden immer kopflastiger.
Die beste Zeit zum Umpflanzen sind die Frühjahrsmonate, wenn die lichtarmen Wintertage vorüber sind. Es ist auch meistens die Zeit, wenn die Ruhephase vorbei ist und neues Wachstum einsetzt. Man erkennt dies nicht nur an der Bildung eines Neutriebes, sondern auch am Wachstum der Wurzeln. Dieses zeigt sich durch eine saftig grüne Farbe an der Wurzelspitze. Die neuen Töpfe sollten nur etwas größer sein als die bisherigen.
Dann nimmt man die Pflanze möglichst vorsichtig aus dem alten Gefäß heraus. Das ist nicht immer ganz einfach, denn oft hängen die Luftwurzeln im Kreis an der Topfinnenwand fest. Im schlimmsten Fall hilft nur die Zerstörung der ganzen Umhüllung, die man Stück für Stück vorsichtig ablösen muss. Umgekehrt kann man manchmal auch feststellen, dass im völlig verwitterten Substrat nur noch ein paar Wurzelstummeln übrig sind. Alles, was verfault und abgestorben ist (Pseudobulben, Wurzeln), schneidet man vorsichtig weg. Alte Substratreste lassen sich ausschütteln oder auswaschen.
Bei sympodialen Orchideen muss man die Topfgröße so wählen, dass sich die ältesten Pseudobulben am Gefäßrand befinden und die jüngste Pseudobulbe so weit vom Rand entfernt ist, dass mindestens die Neutriebe aus 2–3 Jahren aufgenommen werden können. Mann muss vor allem darauf achten, dass die sehr empfindlichen Wurzeln nicht brechen oder gar abbrechen. Dann setzt man die gereinigte Pflanze in die Mitte der Drainage hinein, füllt, falls notwendig, etwas neues Substrat unter und beginnt nun ringsum weiteren Nährstoff einzufüllen und vorsichtig einzudrücken. Der Pflanzstoff sollte so fest sein, dass man die Pflanzen hochheben kann, ohne dass sie aus dem Topf wieder herausrutschen. Die Einpflanzhöhe wählt man so, dass die alten Wurzeln und die jungen Wurzelspitzen knapp unterhalb der des Pflanzstoffes und die Neutriebe gerade oberhalb sind. Achtung: Im Gegensatz zu anderen Heimpflanzen dürfen Orchideen nach dem Umpflanzen nicht angegossen werden. Man muss den Wurzeln Zeit geben, 2–3 Wochen lang in den trockenen Pflanzstoff hineinzuwachsen. In dieser Zeit darf nur vorsichtig gesprüht werden, erst danach kann man die Wassergaben langsam bis zur Regelmäßigkeit steigern. Wenn man anfangs noch unsicher ist, sollte man sich das richtige Umpflanzen zuerst von einem Fachmann zeigen lassen.

**VERMEHREN DURCH TEILUNG**

Orchideen sind sehr ausdauernde Pflanzen, die in jeder Vegetationsperiode einen Zuwachs erhalten. Theoretisch können sie also viele Jahrzehnte alt werden, wobei vor allem sympodial wachsende Orchideen durch Verzweigungen immer größer werden können. Bei bereits sehr groß gewordenen Orchideen bietet sich beim Umpflanzen eine Teilung in mehrere Stücke mit mindestens einer Sprossachse an. Bei sympodial wachsenden Orchideen sollten aber an dem Seitentrieb außer dem neuen Blatt noch mindestens drei bis vier alte Pseudobulben mit Blättern vorhanden sein. Nur so ist ein Weiterwuchs ohne zu große Schwächung gewährleistet. Monopodial wachsende Orchideen lassen sich mit dieser Methode allerdings nicht vermehren. Es ist aber möglich, bei manchen Gattungen (z.B. Angraecum oder Vanda) bewurzelte Triebspitzen abzutrennen. Dann kann der untere Pflanzenteil durch seitliches Austreiben ebenfalls weiterwachsen.

*Oben: Vermehrung sympodial wachsender Orchideen*
*Unten: Kindelvermehrung*

Es gibt auch einige Orchideengattungen, die an den Pseudobulben oder am Blütenstandstiel oft von selbst komplette kleine Pflänzchen (so genannte »Kindel«) bilden. Diese lässt man in Ruhe heranwachsen und trennt sie dann nach erfolgter Wurzelbildung vorsichtig ab. Darum sollten die Blütenstiele auch nicht abgeschnitten werden, denn oft entwickeln sich noch schlafende Knospen zu neuen Blütentrieben oder zu den eben genannten Ablegern. Viele Dendrobien neigen zu solcher Kindelbildung, vor allem, wenn man sie zu warm und feucht hält. Ebenso verhalten sich die Epidendrum- und die Phalaenopsis-Arten.

Auf Blöcken, Ästen oder Zierkorkstücken hängend gehaltene Pflanzen sind wesentlich einfacher zu vermehren: Sie haben nach allen Seiten Platz zum Ausdehnen, und man kann sie so lange wuchern lassen, bis von der Unterlage nichts mehr sichtbar ist. Oft bilden sich dann von selbst lange, bewurzelte Seitentriebe, die einfach abgenommen und woanders wieder neu aufgebunden werden.

Viele monopodial wachsende Orchideen, die ihre Blätter entlang einer senkrechten Achse anordnen, bilden immer weiter wachsende Stämme aus, die mit der Zeit zu lang werden. Diese Arten *(Vanda teres)* kann man sehr gut durch so genanntes Abmoosen verkürzen: Um eine der vielen mitten im Stamm entspringenden Luftwurzeln gibt man feuchtes Torfmoos mit einer oben offenen Plastikfolienbandage, um die Wurzelbildung anzuregen. Nach erfolgtem Austrieb muss man die Folie wieder abnehmen, damit der empfindliche Neutrieb nicht abfaulen kann.

Die geschlechtliche Vermehrung durch Samen ist für den durchschnittlichen Orchideenliebhaber nicht zu empfehlen. Sie ist sehr schwierig und unergiebig und wird auch von Gartenbetrieben praktisch nicht mehr durchgeführt.

*Oben: Vermehrung monopodial wachsender Orchideen*
*Unten: Jungpflanzen in vitro*

**MODERNE ORCHIDEENVERMEHRUNG**

Den Durchbruch brachte die so genannte »asymbiontische Aufzucht«, eine trotz kompliziert klingendem Fachausdruck recht einfache Methode: Man sät auf sterilen Nährböden aus, die alle Stoffe enthalten, die sonst der Pilz den winzigen auskeimenden Orchideensamen liefert. Natürlich muss dabei mit äußerster Sauberkeit gearbeitet werden (desinfizierende Mischungen, Mundschutz, Impfkästen, damit keine Infektion auf die Nährböden gelangen.) Der asymbiontischen Aufzucht ist es zu verdanken, dass heute die schönsten Arten, die sich auf diese Weise sehr leicht vermehren lassen, überall erhältlich sind. Außerdem muss man keine Bedenken haben, dass der Bestand der Orchideen in ihrer Heimat gefährdet würde.

Um reife Fruchtkapseln zu erhalten, muss die Bestäubung künstlich durchgeführt werden. Viele Orchideenblüten sind nämlich auf Insekten angewiesen, die bei uns nicht vorkommen. Erst durch die künstliche Befruchtung wurden die vielen Kreuzungen überhaupt möglich.

*Links: Jungpflanzen in vitro*

Lange Zeit hindurch waren prächtig blühende Orchideenhybriden fast unerschwinglich teuer. Sie lassen sich nicht durch Samen vermehren, und nach den Mendelschen Gesetzen spalten sich die Erbanlagen wieder auf. Man erhält oft hunderte verschieden blühender Nachkommen, unter denen sich jedoch nur manchmal die gesuchte und gewünschte Ausgangsform der ersten Kreuzung wiederfindet.
Der große Umschwung trat durch die Gewebekultur ein. Es ist nämlich möglich, aus pflanzlichen Zellverbänden, die noch nicht allzu sehr differenziert sind, unter sterilen Bedingungen Gewebeteile zu entnehmen und weiter zu züchten. Solche noch teilungsfähigen Gewebe werden Meristeme genannt und sind in ihrem Erbgut und ihren Genen völlig identisch mit der Pflanze, aus der man sie entnommen hat. Alle größeren Orchideengärtnereien benutzen heute die Meristemkultur und können damit ihre wertvollen Kreuzungen so oft vervielfältigen, wie es der Markt erfordert.
Das klingt alles sehr einfach, und doch ist es sehr mühevoll, die Kulturen stets so zu erhalten, dass keine Fremdinfektionen auftreten, die alles vernichten würden. Oft genügt schon ein falscher Lufthauch beim Überimpfen, um die Arbeit von Wochen oder Monaten zu vernichten. Inzwischen hat sich die Meristemkultur auf der ganzen Erde durchgesetzt und in Florida, auf den Philippinen, in Singapur und in Bangkok arbeiten Großbetriebe daran, immer neue Hybriden, noch gewagtere Farbkombinationen mit noch schöneren und größeren Blüten künstlich zu erzeugen.

# Orchideenpflege das ganze Jahr hindurch

Die meisten Orchideen sind, wie unsere einheimischen Pflanzen auch, dem Wechsel der Jahreszeiten unterworfen. Jedoch erleben viele Orchideen an ihren Naturstandorten die Jahreszeiten unter ganz anderen Bedingungen. In manchen Gebieten gibt es statt einer sehr kalten eine sehr trockene Jahreszeit. In anderen Klimazonen gibt es jährlich wiederkehrende, starke Regenfälle, die der Monsun mit sich bringt. Zum Glück sind Orchideen wahre Überlebenskünstler. Sie sind in der Lage, sich den Gegebenheiten unserer Breitengrade bis zu einem bestimmten Grad anzupassen. Trotzdem müssen Orchideen, die an ihrem Naturstandort eine sehr trockene und kalte Jahreszeit durchmachen, auch in unseren Breiten eine Zeit durchleben, in der sie kaum gegossen werden und kühl stehen. Der nachfolgende Orchideenkalender berücksichtigt die Bedürfnisse der Orchideen zu den verschiedenen Jahreszeiten und beschreibt, welche Pflegemaßnahmen in welchem Monat nötig sind. Die vorgestellten Pflegetipps haben allgemeinen Charakter. Auf eine Aufführung der einzelnen Gattungen wurde verzichtet. Wenn Sie mehr Informationen über eine ganz bestimmte Gattung haben möchten, lesen Sie bitte die jeweilige Arten-Beschreibung.

*Oben:* Dendrobium nobile

**JANUAR**
Durch die kurzen Tage mit wenig Sonnenlicht und die niedrigen Temperaturen ruhen oder blühen in diesem Monat die meisten Orchideen. Daher darf höchstens einmal im Monat gedüngt werden. Die Wassergaben müssen ebenfalls den niedrigen Temperaturen angepasst werden. Ausgenommen sind natürlich jene Orchideen, die auch im Januar recht warm stehen müssen. Sie brauchen mehr Wasser als solche, die in einem kalten Wintergarten stehen. Orchideen mit sehr ausgeprägter Ruhezeit (wie z.B. *Dendrobium nobile*) werden weder gedüngt noch gegossen.
Um Fäulnis zu vermeiden, dürfen die Orchideen in dieser dunklen Zeit möglichst nicht angesprüht werden. Ist die Luftfeuchtigkeit sehr niedrig und es kann auf ein Sprühen nicht verzichtet werden, sollte dies zumindest erst am späten Vormittag erfolgen. Bei zu tiefen Temperaturen werden die Blätter fleckig (z.B. durch Pilze), wenn größere Tropfen längere Zeit auf ihnen liegen bleiben. Hier sollte man die Luftfeuchtigkeit lieber mit Fensterbankschalen oder Luftbefeuchtern anheben. Besondere Vorsicht ist geboten, wenn Wasser im Herzen oder zwischen den Blättern stehen bleibt, da es leicht zur Fäulnis kommt. Man kann solche Wasserreste sehr leicht mit einem Papiertuch aufnehmen. Trotz der tiefen Temperaturen sollte man auf regelmäßiges Lüften nicht verzichten, da sich sonst leicht Pilze und Bakterien ausbreiten können. Im Januar sollte man die nächtlichen Temperaturen in der unmittelbaren Umgebung der Orchideen genau beobachten.

**FEBRUAR**
In diesem Monat setzt sich die Hauptblütezeit der Orchideen fort. Daher finden jetzt die meisten Ausstellungen und Aktionen in Gartencentern statt. Klimatisch unterscheidet sich der Monat kaum vom Januar, daher gelten die beschriebenen Vorsichtsmaßnahmen auch hier. Am Ende des Monats wird die Kraft der Sonne wieder stärker und die Tage werden länger. Manche Orchideen zeigen das mit beginnendem Wachstum. In diesem Fall muss langsam wieder mehr gegossen und gedüngt werden. Bei schönem Wetter sollte man immer wieder lüften, denn das ist der beste

Schutz gegen Bakterien, Pilze und andere Schädlinge. Das Gießwasser muss mindestens Umgebungstemperatur haben. Auch handwarmes Wasser wird von den Pflanzen sehr gut angenommen. Orchideen, die bereits im Winter zu wachsen begonnen haben, können gegebenenfalls bereits gegen Ende des Monats umgetopft werden.

**MÄRZ**

Nun beginnt für die meisten Orchideen die Zeit des Wachstums, und damit steigt auch der Nährstoffbedarf. Man sollte nun dem Gießwasser alle 2–3 Wochen wieder eine geringe Konzentration Dünger zusetzen. Auch die Wassergaben müssen wieder gesteigert werden. Orchideen, die zwar noch wachsen, aber nicht mehr blühen, können jetzt umgetopft werden. Die beste Zeit dafür ist, wenn die Wurzeln Wachstum zeigen. Direktes Sonnenlicht auf die Orchideen sollte vermieden werden, denn die Pflanzen müssen sich erst langsam wieder daran gewöhnen, auch wenn sie es vorher schon vertragen haben. Das ist besonders dann zu beachten, wenn man Orchideen jetzt an ein anderes Fenster stellt. Auch auf Schädlinge wie Spinnmilben und andere saugende Insekten ist nun zu achten. Diese werden nämlich durch die höheren Temperaturen im Frühling wieder aktiv. Außerdem sind Orchideen durch den lichtarmen Winter geschwächt und deshalb ganz besonders anfällig.

Der März ist auch die beste Zeit, um eventuell gewachsene Kindel (z.B. an Phalaenopsis) von der Mutterpflanze zu trennen und einzutopfen. Insgesamt ist der Frühling also eine sehr arbeitsreiche Zeit für alle Orchideenfreunde!

**APRIL**

Nun stehen die Frühjahrsblüher unter den Orchideen in voller Blüte, aber auch andere Orchideen wachsen kräftig. Sind die Jahrestriebe dieser Orchideen ca. ein Viertel so groß wie die alten Triebe, können sie meist umgetopft werden. Auch hier ist das Wurzelwachstum ausschlaggebend für den Erfolg. Die Pflanzen sollten am Tag zuvor kräftig gegossen werden. Nach dem Umtopfen ist das Gießen aber für 3–5 Tage ganz einzustellen. Damit wirkt man einer Fäulnis im Wurzelbereich entgegen. Praktisch alle Orchideen können in den Vormittagsstunden regelmäßig leicht eingesprüht werden. Sonnenempfindliche Orchideen wie z.B. Phalaenopsis müssen nun jedoch unbedingt vor der Mittagssonne geschützt werden. Ein ständiger Ortswechsel ist bei Orchideen zwar zu vermeiden, zweimal im Jahr vertragen die Pflanzen einen Umzug jedoch sehr gut. Wenn man beobachtet, dass die Pflanzen wachsen, kann auch das Düngen weiter gesteigert werden. Bei besonders salzempfindlichen Orchideen darf selbst der Orchideendünger nur halb so stark dosiert werden, wie auf der Packung angegeben ist.

**MAI**

Nach den Eisheiligen brauchen viele Orchideen einen Aufenthalt im Freien. Dies kann ein heller Balkon, aber auch ein geschützter Platz im Garten sein. So eignet sich z.B. ein Platz in einem Obstbaum sehr gut für die Unterbringung von Orchideen. Ideal ist ein Platz, der den Orchideen viel Luftfeuchtigkeit bietet. Nur die folgenden Arten fühlen sich in der Wohnung wohler und sollten nicht im Freien kultiviert werden:

Aerangis
Angraecum
Bulbophyllum
*Dendrobium phalaenopsis*
Doritis
Dracula
Paphiopedilum (nur die geflecktlaubigen Arten)
Phalaenopsis

Auch im Mai sollte man daran denken, die Orchideen langsam an die direkte Morgen- oder Abendsonne zu gewöhnen, sonst können sie nämlich leicht verbrennen.

*Oben:* Coelogyne cristata

**JUNI UND JULI**

Diese beiden Monate sind für die Pflege besonders wichtig, denn es muss besonders viel gelüftet, gegossen und gedüngt werden. Im Juni und Juli kann es tagsüber für die Orchideen bereits bedenklich heiß werden. Deshalb ist nun eine intensive Belüftung der Kulturräume besonders wichtig. Orchideen wie z.B. *Coelogyne cristata* sollten jetzt einen kühlen Platz bekommen (Garten oder Schlafzimmer), aber auch für alle anderen Orchideen ist die Frischluft ganz wichtig für den Zuchterfolg.
Nun sollte man auch die Pflanzen, die draußen stehen, auf Blattläuse, Schnecken, Schildläuse und anderes Ungeziefer kontrollieren. Sie sind nämlich die größten Feinde in dieser Zeit. Auf der Fensterbank muss man außerdem auf Spinnmilben, Thripse und Schildläuse achten. Alle Orchideen brauchen nun viel Wasser, das jedoch sofort wieder abfließen muss. Auch sollte jetzt regelmäßig gedüngt werden. Ideal ist es, die Pflanzen im Sommer jeden Tag einmal leicht zu besprühen. Die beste Zeit dafür ist der Morgen, unbedingt jedoch vor der Mittagszeit, da es sonst leicht zu Verbrennungen auf den Blättern kommt. Ein Sonnenschutz ist vor allem über Mittag Grundvoraussetzung für fast alle Orchideen.

**AUGUST**

Mit dem Hochsommer kommt nun die heißeste Zeit des Jahres. Hat man für die kühl zu haltenden Orchideen keinen Platz im Freien, sollten sie möglichst häufig (auch in der Nacht) am offenen Fenster stehen. Es geschieht zum Schutz der Pflanzen, denn Odontoglossum-Arten z.B. stellen bei zu hohen Temperaturen ihr Wachstum ein. Wie in den beiden Vormonaten sollte nun reichlich gegossen und gedüngt werden. Bei den nun häufig auftretenden Gewittern sind für draußen wachsende Orchideen besondere Schutzmaßnahmen notwendig. Zu starke Niederschläge und Sturm können nämlich die Pflanzen beschädigen. Entweder holt man die Orchideen rechtzeitig ins Haus, oder man stellt sie unter ein Vordach. Ein Baum bietet bei schlimmen Unwettern nicht immer genug Schutz. Allgemein sind die Sommermonate eine eher blütenarme Zeit.

## SEPTEMBER

Die Tage werden nun wieder kürzer, besonders in den Nächten kann es schon sehr kühl werden. Es ist also Zeit, empfindliche Orchideen in der Mitte dieses Monats ins Treibhaus oder auf die Fensterbank zurückzuholen. Orchideen, die kühl zu pflegen sind (z.B. viele Masdevallia-Arten, *Dendrobium nobile*), können diesen Monat noch im Freien verbringen, wenn die Nächte frostfrei sind. Vor der Rückholung ins Haus ist eine gründliche Schädlingskontrolle der Pflanzen notwendig. Dabei müssen nicht nur die Blätter der Orchideen, sondern auch der Wurzelbereich überprüft werden. Viele Schädlinge, die sich im Topfballen aufhalten, sind erst zu sehen, wenn die Pflanze gegossen wird. Stellt man Schädlinge fest, müssen diese unbedingt entfernt werden, um eine Übertragung auf andere Pflanzen zu verhindern. Sehr sonnenhungrige Orchideen wie z.B. Vanda oder Cattleya können ab Mitte September bedenkenlos in die volle Sonne gestellt werden. Es treten bei diesen Gattungen keine Sonnenschäden mehr auf.

*Oben:* Masdevallia-Hybride

Der beginnende Herbst bietet noch einmal die Möglichkeit, Orchideen umzutopfen. Die blütenarme Zeit ist nun vorbei und bei einigen Arten entwickeln sich mit abnehmenden Temperaturen Blüten. Das Düngen muss bei den meisten Orchideen schon am Ende dieses Monats reduziert werden. Orchideen mit einer ausgeprägten Ruhephase wie z.B. *Dendrobium nobile* sollten nach Abschluss des Wachstums gar nicht mehr gedüngt werden. Die Wassergaben müssen nun den sinkenden Temperaturen angepasst werden.

## OKTOBER

Spätestens Ende Oktober wird es auch für die kühl zu haltenden Orchideen Zeit, dass sie ins Haus zurückkehren. Für viele Arten beginnt jetzt die Vorbereitung auf die Blüte. Dabei kann es vorkommen, dass vermehrt alte Blätter gelb werden. Auch der beginnende Lichtmangel kann ein Grund dafür sein, dass Blätter abfallen. Wer seine Orchideen im Sommer vor zu großer Sonneneinstrahlung geschützt hat, kann diese Ende Oktober beruhigt wieder der vollen Sonne aussetzen. Zwar sollte man es vermeiden, Orchideen jede Woche an einen anderen Platz zu stellen, zweimal im Jahr vertragen die Pflanzen einen Umzug jedoch sehr gut. Auf diese Weise lässt sich der Lichtmangel der nun folgenden Jahreszeiten ausgleichen. Die Dünger- und Wassergaben müssen weiter reduziert und damit den sinkenden Temperaturen angepasst werden.

## NOVEMBER

Bei vielen Orchideen beginnt nun die Ruhezeit. Das Gießen muss weiter reduziert werden, ebenso das Düngen. Je weniger die Orchidee wächst, desto weniger braucht sie von beidem. Orchideen ohne Ruhezeit (z.B. Phalaenopsis) sollten warm stehen und brauchen natürlich auch mehr Wasser. Zu Beginn der Heizperiode muss man wieder verstärkt auf Spinnmilben achten, dann muss oft auch die Luftfeuchtigkeit erhöht werden. An sonnigen Tagen sollte man die Gelegenheit unbedingt zum Lüften nutzen. Der Monat eignet sich auch, um den Blähton in Befeuchtungswannen oder Übertöpfen auszutauschen, Unkraut zu entfernen oder Reinigungsarbeiten zu erledigen. Auch die Fenster sollten geputzt werden, um das wenige Licht, das die folgenden Monate bieten, optimal auszunutzen. Umgetopft sollte jedoch erst im Frühjahr werden, außer es sprechen zwingende Gründe (z.B. Schädlinge im Topfbereich) dafür.

**DEZEMBER**
Im Dezember wird man meist für eine gute Pflege belohnt: Die Orchideen »bedanken« sich mit vielen Blüten. Er ist aber auch der von den Lichtverhältnissen problematischste Monat. Besonders die lichthungrigen Orchideen sollten jetzt möglichst hell stehen. Bei Lichtmangel werfen einige Orchideen ihre Blüten ab, bevor sie aufgehen. Hier hilft ein hellerer Standort oder auch Kunstlicht. Pflanzen, die sich in der Ruhephase befinden, sollten nur wenig Wasser und keinen Dünger bekommen. Besonders die Luftfeuchtigkeit sollte weiterhin kontrolliert werden, wobei Wasserschalen diese geringfügig erhöhen können. Wirksamer, aber auch teurer, sind Luftbefeuchter.

# Materialien für Substrate

Im nachfolgenden Teil findet man einige Rezepte, nach denen man Orchideensubstrate selbst zusammenstellen kann. Dabei ist es natürlich Voraussetzung, die Eigenschaften der in Frage kommenden Materialien zu kennen.

| **Material** | **Organisch Anorganisch** | **Vor- und Nachteile (+) und (–)** | **Anmerkungen** |
|---|---|---|---|
| Blähton | Anorganisch | (+) Blähton saugt Wasser auf und gibt dieses langsam wieder ab; dadurch vergrößert sich die Oberfläche für die Verdunstung<br>(-) neigt zum Versalzen | Blähton wird oft als Grundschicht in Fensterbankschalen, Übertöpfen, Vitrinen usw. eingesetzt. Ist auch als Drainage am Topfboden einsetzbar |
| Buchenlaub | Organisch | (+) anfangs stabil, gibt aber bei späterer Zersetzung langsam Nährstoffe ab. | Buchenlaub sollte vor dem Einsatz auf Schädlinge überprüft werden |
| Farne | Organisch | (+) leicht sauer<br>(+) anfangs stabil, gibt bei späterer Zersetzung langsam Nährstoffe ab | Farne stehen meist unter Naturschutz! |
| Gartenerde | Organisch | (+) nährstoffreich | nur für wenige Erdorchideen geeignet (z.B. Bletilla) |
| Growcube | Anorganisch | (o) wasserhaltend<br>(o) nährstoffabweisend<br>(+) zerfällt nur sehr langsam<br>(+) im trockenen Zustand sehr leicht | Growcube® wird von der Fa. Grodan hergestellt |

| Material | Organisch Anorganisch | Vor- und Nachteile (+) und (–) | Anmerkungen |
|---|---|---|---|
| Holzfasern | Organisch | (o) nehmen kaum (langsam) Wasser auf<br>(+) sorgen für eine gute Durchlüftung des Substrates<br>(+) zersetzen sich nur langsam<br>(-) Bei Zersetzung ist schwer einzuschätzen, wie viele Nährstoffe abgegeben werden | Zuschlagsstoff für epiphytische Substrate |
| Holzkohle | Organisch | (+) desinfizierend<br>(+) bindet giftige Stoffe<br>(+) auflockernd | Wird oft eingesetzt, um die Verbreitung von Bakterien im Substrat zu verhindern |
| Kokosfaser | Organisch | (o) wasserabweisend<br>(+) strukturstabil<br>(+) luftdurchlässig | Sehr gut geeignet, um junge Wurzeln zu schützen, ohne ihnen die Luft zu nehmen |
| Kalk | Anorganisch | | Wird bei den meisten Substraten in geringer Menge zugesetzt. Besonders wichtig bei der Gattung Paphiopedilum. Hier sind meist regelmäßige, zusätzliche Kalkgaben erforderlich |
| Kompost (Humus) | Organisch | (+) sehr nährstoffreich, ohne dabei die Wurzeln mit Salzen zu belasten<br>(-) lässt keine Luft an die Wurzeln<br>(-) möglicherweise nicht frei von Samen, Schädlingen, Bakterien und Pilzsporen | Einsatz bei Erdorchideen |
| Kork/ Korkschrot | Organisch | (+) erhöht die Luftdurchlässigkeit | Zuschlagsstoff für epiphytische Substrate |
| Lavalit | Anorganisch | (o) wasserabweisend | Besonders für lithophytisch wachsende Orchideen geeignet (z.B. Steinlaelien). Lavalit kann gemischt oder ohne Zusätze verwendet werden |
| Lehm | Anorganisch | (o) stark wasserhaltend | Wird nur selten bei Erdorchideen verwendet, die ständige Feuchtigkeit brauchen |

| Material | Organisch Anorganisch | Vor- und Nachteile (+) und (–) | Anmerkungen |
|---|---|---|---|
| Nadelhumus | Organisch | (+) sehr nährstoffreich, ohne dabei die Wurzeln mit Salzen zu belasten<br>(+) saure Eigenschaften | Einsatz bei Erdorchideen (z.B. Pleione) |
| Nussschalen (Walnuss, Haselnuss) | Organisch | (o) nehmen kaum Wasser auf<br>(+) sorgen für eine gute Durchlüftung des Substrates<br>(+) zersetzen sich nur langsam | Vor dem Einsatz gut mit Wasser abspülen, um Salze und Rückstände zu entfernen |
| Perlite | Anorganisch | (+) erhöht die Luftdurchlässigkeit<br>(+) strukturstabil | Perlite wird vor allem bei epiphytischen Orchideen mit feinen Wurzeln (z.B. Jungpflanzen) verwendet |
| Rinde | Organisch | (+) erhöht die Durchlässigkeit<br>(+) langsame Zersetzung | Je gröber die Wurzeln, desto größer dürfen die Stücke sein. Je feiner die Wurzeln, desto kleiner sollten die Stücke sein |
| Sand | Anorganisch | (o) lässt das Substrat schnell trocknen, ohne Luft an die Wurzeln zu lassen | Verwendung bei verschiedenen Erdorchideen |
| Schaumstoff | Anorganisch | (+) erhöht die Luftdurchlässigkeit. | Verwendung bei epiphytischen Orchideen mit großen Wurzeln |
| Seramis | Anorganisch | (o) wasserhaltend, gibt dieses langsam wieder ab | Wird in reiner Form bei Jungpflanzen, aber auch blühfähigen Epiphyten eingesetzt |
| Sphagnum | Organisch | (o) wasserhaltend<br>(+) desinfizierend<br>(-) zersetzt sich schnell, muss meist jedes Jahr umgetopft werden<br>(-) möglicherweise nicht frei von Schädlingen | Bei allen Arten, die viel Wasser brauchen und empfindliche Wurzeln haben (z.B. Phragmipedium, Dracula, Disa). Außerdem zur Bewurzelung bei stark geschädigten Pflanzen. Achtung: Sphagnum steht unter Naturschutz und darf ohne Genehmigung nicht der Natur entnommen werden! |

| Material | Organisch Anorganisch | Vor- und Nachteile (+) und (–) | Anmerkungen |
|---|---|---|---|
| Steinwolle | Anorganisch | (o) wasserhaltend<br>(o) nährstoffabweisend<br>(+) zerfällt nur sehr langsam<br>(+) im trockenen Zustand sehr leicht | Wird ohne jede Beimischung eingesetzt (z.B. Odontoglossum). Fäulnis durch zu viel Wasser ist ausgeschlossen |
| Styroporchips | Anorganisch | (o) wasserabweisend | Als Drainage am Topfboden einsetzbar |
| Styrowoll | Anorganisch | (o) wasserabweisend<br>(o) nährstoffabweisend | Wird ohne jede Beimischung eingesetzt |
| Styrochips | Anorganisch | (o) wasserabweisend<br>(o) nährstoffabweisend | Wird ohne jede Beimischung eingesetzt |
| Styroporkugeln und -stücke | Anorganisch | (o) wasserabweisend<br>(o) nährstoffabweisend<br>(+) erhöht die Luftdurchlässigkeit | Wird meist beigemischt |
| Weißtorf | Anorganisch | (o) wasserhaltend<br>(o) nährstoffarm<br>(+) pH senkend (sauer)<br>(+) strukturstabil<br>(-) bei zu hohem Anteil im Substrat wird dieses undurchlässig | Grundlage der Standardsubstrate. Sollte bei epiphytischen Orchideen nur maximal zu einem Drittel beigemischt werden, da die Mischung sonst das Wasser zu sehr hält (Fäulnisgefahr) |
| Zeolith | Anorganisch | (+) nimmt Wasser auf und speichert es gut<br>(+) kann auch ein Zuviel an Dünger aufnehmen und nach und nach an die Pflanzen abgeben | Zeolith ist nicht ganz so häufig. Es werden auch Düngekegel aus Zeolith angeboten |

# Materialien zum Aufbinden

Die folgende Tabelle gibt Informationen über die Materialien, die zum Aufbinden von Orchideen verwendet werden können.

| Material | Organisch Anorganisch | Vor- und Nachteile (+) und (–) | Anmerkungen |
|---|---|---|---|
| Moos | Organisch | (+) Wasser- und Nähstoffquelle für die Wurzeln<br>(-) kann bei zu viel Gießen zur Fäulnis führen | Moose werden beim Aufbinden oft zwischen die Unterlage und die Wurzeln gegeben, um diese mit genügend Feuchtigkeit zu versorgen |

| Material | Organisch Anorganisch | Vor- und Nachteile (+) und (–) | Anmerkungen |
|---|---|---|---|
| Rinde | Organisch | (+) strukturstabil<br>(+) preisgünstig | Rinde ist die am häufigsten verwendete Unterlage, wenn Orchideen aufgebunden werden |
| Rebholz | Organisch | (+) strukturstabil<br>(+) für Orchideenwurzeln besonders gut geeignet<br>(-) nur in Weinanbaugebieten leicht erhältlich | Rebholz wird als Unterlage verwendet, wenn Orchideen aufgebunden werden |
| Xaxim | Organisch | (+) strukturstabil<br>(+) luftig | Xaxim wird als Unterlage verwendet, wenn Orchideen aufgebunden werden |

# Allgemeine Tipps

Beim Kauf fertig gemischter Substrate in Gartencentern und Baumärkten sollte man stets darauf achten, dass diese nicht zu torfhaltig sind. In diesem Fall können nämlich die Wurzeln geschädigt werden, weil die Feuchtigkeit zu lange gehalten und nicht genug Luft durchgelassen wird.
Beim Kauf von Substraten oder einzelnen Komponenten muss man darauf achten, dass diese frei von Schädlingen und Unkrautsamen sind. Manchmal verstecken sich Trauermücken (kleine Fliegen) im Substrat, die aufsteigen, wenn man die Packung öffnet.

# Schädlinge und Krankheiten

Neben all ihrer Schönheit treten bei Orchideen natürlich auch zahlreiche Schädlinge auf, welche ihnen ziemlich zusetzen können. Doch es gibt viele Mittel und Wege, sie zu bekämpfen.
Das Feststellen und die Bekämpfung von tierischen Schädlingen sind verhältnismäßig einfach. Nachfolgend sind die wichtigsten Schädlinge mit stichwortartigen Angaben über deren Aussehen und Lebensweise, die von ihnen verursachten Schäden sowie die entsprechenden Bekämpfungsmaßnahmen angeführt.
Auf Grund der heutigen Pflanzenschutzbestimmungen ist es ratsam, sich vor dem Einsatz von Insektiziden mit einer Gärtnerei in Verbindung zu setzen und sich umfassend informieren zu lassen. Man sollte jedoch nach Möglichkeit zunächst versuchen, ohne Chemie auszukommen.

**SPINNMILBEN (ROTE SPINNE)**
**Aussehen, Lebensweise:** Etwa 0,5 mm groß; rot, grün oder gelb gefärbt. Leben auf der Blattunterseite und bevorzugen trockene warme Luft.
**Schäden:** Graue bis fahlgelbe oder bräunliche Blattverfärbung, schließlich Blattfall.
**Bekämpfung:** Vermeidung trockener Luft; einmal wöchentlich Insektizid spritzen.
Spinnmilben sind relativ klein und besiedeln die Blattunterseite. Dort saugen sie den Zellsaft aus der Pflanze. Diese Löcher erscheinen dann silbrig weiß. Bemerkt man den Befall zu spät, kann es sein, dass die Blätter bereits vertrocknen und abfallen. Die Spinnmilben lieben trockenes Klima. Deshalb gibt es oft während der Heizungs-

periode einen Befall. Man kann die Orchidee wässern und in eine Plastiktüte stecken. Das daraus entstehende Klima bringt den Milben den Tod. Es gibt auch Sprays oder Raubmilben, welche die Spinnmilben töten.

*Oben links: Winterform der Gemeinen Spinnmilbe*
*Oben rechts: Zitrusspinnmilbe* Panonychus citri
*Unten: Weibchen des Langbinden-Gewächshaus-thrips* Hercinothrips femoralis

## BLASENFÜSSER (THRIPS)

**Aussehen, Lebensweise:** Etwa 1 mm groß, schlank; gelblich bis braun gefärbt; hinterlassen schwärzliche Kotpünktchen; bevorzugen trockene, warme Luft.
**Schäden:** Graue bis gelbliche Flecken an Blättern und Blüten.
**Bekämpfung:** Einsatz von Insektiziden.
Die Thripse schädigen die Pflanze auf die gleiche Weise wie die Spinnmilben, sitzen also unten an den Blättern und saugen den Saft aus den Zellen. In die Hohlräume dringt Luft und lässt dann die Blätter silbrig weiß aussehen. Man behandelt am besten mit einem ölhaltigen Insektizid oder stellt selbst eine Mischung aus Wasser, 2 EL Öl und einen Spritzer von einem Abwaschmittel zusammen. Man sollte aber bedenken, dass Öl die Poren zum Atmen verklebt. Die Pflanze muss auf jeden Fall isoliert werden, bis man alle Schädlinge bekämpft hat.

## BLATTLÄUSE

**Aussehen, Lebensweise:** Etwa 2 mm groß; grünlich gelb gefärbt; sehr beweglich, geflügelt oder (Jungtiere) ungeflügelt; lieben trockene, warme Luft.
**Schäden:** Saugen an Neutrieben und Blütenknospen; an ausgeschiedenem »Honigtau« oft unansehnliche Rußtaupilze.
**Bekämpfung:** Vorsichtiges Absammeln oder Abwaschen, Spritzen mit Insektiziden.
Die Blattlaus kann bei geöffnetem Fenster in die Wohnräume gelangen oder, wenn die Pflanzen im Freien sind, sich auf Knospen und jungen Trieben niederlassen. Dort saugt sie den Saft aus und schädigt die Pflanze. Am besten spült man sie ab oder entfernt sie mit einem Pinsel. Bei starkem Befall kann man ein Schädlingsbekämpfungsmittel anwenden, sollte aber unbedingt die Anleitung beachten. Achtung: Einige Orchideen vertragen keine ölhaltigen Mittel! Man kann auch eine Schmierseifen-Mischung herstellen und die Pflanze damit behandeln. Die befallene Pflanze sollte auf jeden Fall isoliert werden, um ein Übergreifen zu verhindern. Nach der Behandlung muss man die Pflanze täglich kontrollieren, um nicht Läuse aus eventuell noch vorhandenen Eiern zu übersehen.

*Oben: Weibchen und Nymphen des Drazänen-thrips* Parthenothrips dracaenae
*Unten links: Geflügeltes Weibchen der Grünfleckigen Kartoffellaus* Aulacorthum solani
*Unten rechts: Ungeflügeltes Weibchen von* Aulacorthum circumflexum

## SCHILDLÄUSE

**Aussehen, Lebensweise:** Etwa 3–5mm groß; rundes bis ovales, bräunlich gefärbtes Schild; Jungtiere langsam beweglich, Alttiere festsitzend.
**Schäden:** Saugen an Blättern und anderen Pflanzenteilen von fast allen Orchideenarten.
**Bekämpfung:** Mechanische Reinigung, alle 2 Wochen mit Insektiziden spritzen.

## ASSELN

**Aussehen, Lebensweise:** Bis 1,5 cm lang; länglich ovale Form; bräunlich bis grauschwarz gefärbt; nachtaktiv; bevorzugen feuchte, dunkle Stellen.
**Schäden:** Ernähren sich von abgestorbenen Pflanzenteilen, fressen aber auch Wurzelspitzen und Neutriebe.
**Bekämpfung:** Auslegen ausgehöhlter Kartoffelscheiben als Köder und Absammeln; Ausstreuen von Schneckenkorn.

## WURZELMILBEN

**Aussehen, Lebensweise:** Bis 1 mm groß, birnenförmig; glänzend weißlich gefärbt; leben in Wurzeln; bevorzugen feuchte, warme Luft; Zerstörung der Wurzeln von innen, besonders an kranken, schwachen Pflanzen.
**Schäden:** Bräunliches Mehl in den Fraßgängen.
**Bekämpfung:** Abspritzen der Wurzeln mit Wasser.

## SPRINGSCHWÄNZE

**Aussehen, Lebensweise:** Etwa 1,5 mm groß, länglich; weißlich gefärbt; flügellos, springfähig; bevorzugen feuchten Pflanzstoff; Ernährung von abgestorbenen Pflanzenteilen, auch Schädigung zarter Wurzelspitzen.
**Schäden:** Blasse Flecken auf Sämlingsblättern.
**Bekämpfung:** Trockenhalten des Pflanzstoffes; Tauchen in Insektizidbrühe.

## WOLLLÄUSE (SCHMIERLÄUSE)

**Aussehen, Lebensweise:** Etwa 4 mm groß, oval; weiß gefärbt; lieben trockene, warme Luft.
**Schäden:** Saugen versteckt an Neutrieben.
**Bekämpfung:** Mechanische Säuberung der Verstecke; alle 2 Wochen spritzen mit Insektiziden.
Die Wolllaus erkennt man an den weißen Gespinsten, die sie umgeben. Mit Vorliebe sitzen sie in den Blattachseln und saugen. Die befallene Pflanze muss unbedingt isoliert werden. Wollläuse sind sehr hartnäckig. Man kann die Pflanze vorsichtig mit ei-

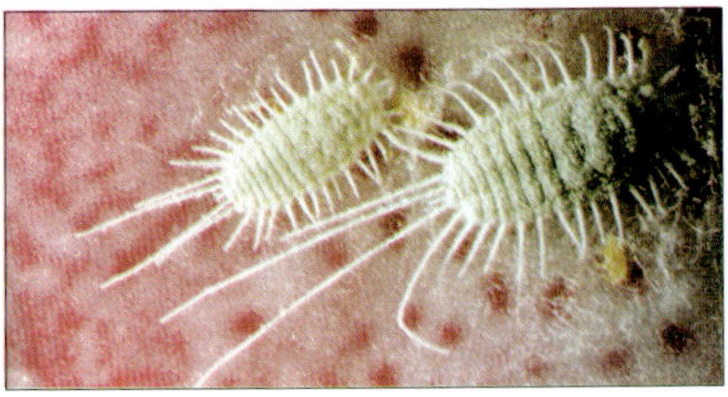

*Oben links: Schwarzgefärbte Napfschildläuse* (C. hesperidum) *teilweise parasitiert*
*Oben rechts: Napfschildlaus* Saissetia oleae
*Unten links: Zitrusschmierläuse* (Planococcus citri)
*Unten rechts: Schmierläuse* (Pseudococcus longispinus)

nem Gemisch von Wasser, Seifenlauge und Alkohol waschen. Mit einem Pinsel erreicht man auch die Blattachseln sehr gut. Diese Prozedur sollte wiederholt werden, da aus eventuell verbleibenden Eiern neue Tiere schlüpfen können.

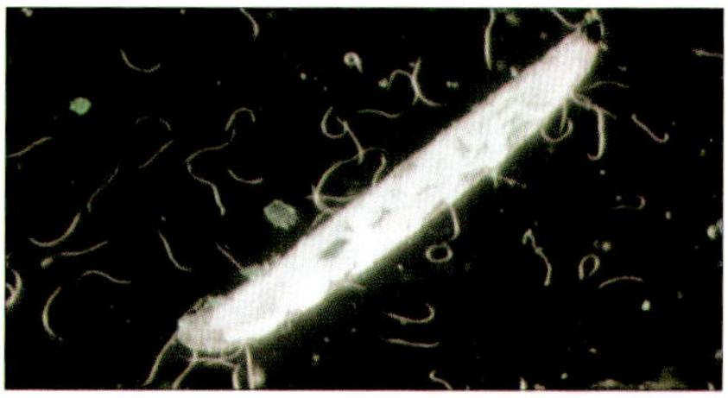

Ganz oben: Trauermückenlarve
Oben: Schneckenfraß an Cattleyablüte

**TRAUERMÜCKENLARVEN**
**Aussehen, Lebensweise:** 6–7 mm lang; glasig weiß; bevorzugen feuchten Pflanzstoff (Sphagnum, feuchten Baumfarn); Zerstörung und Veränderung (Verdichtung) des Pflanzstoffs.
**Schäden:** Anfressen der Wurzeln.
**Bekämpfung:** Wegfangen der Mücken (z.B. durch »insektenfressendes« Fettkraut); Einsatz von Insektiziden.

**SCHNECKEN (NACKT- UND GEHÄUSE-SCHNECKEN)**
**Aussehen, Lebensweise:** Einige Millimeter bis einige Zentimeter lang; glänzend weißlich bis schwärzlich gefärbt; meist nachtaktiv; lieben feuchte Stellen; verraten sich durch Schleimspuren.
**Schäden:** Oberflächliches Abfressen von frischen Pflanzenteilen (besonders Blüten), z.T. völliges Wegfressen.
**Bekämpfung:** Absammeln bei Dunkelheit oder Ausstreuen von Schneckenkorn.

# Häufige Fehler bei der Pflege

**FALSCHE WASSERZUFUHR**
Ein weit verbreiteter Fehler in der Orchideenkultur dürfte das übermäßige Gießen auf Grund der irrigen Meinung sein, Orchideen müssten als Pflanzen der feuchten Tropen dauernd nass sein. Man vergisst aber dabei, dass sie als Epiphyten schnell abtrocknen und viele auch an Trockenzeiten in ihrer Heimat angepasst sind.
Eine dauernde Nässe im Wurzelbereich führt unweigerlich zum Faulen und Absterben der Wurzeln, die ein wichtiges Organ zur Nahrungsaufnahme darstellen. Als Folge davon schrumpeln die Blätter, schrumpfen die Pseudobulben und Neutriebe wachsen nicht weiter. Schließlich werden relativ junge Blätter gelb und fallen ab.
Eine Schädigung dieser Art ist aber nicht allein auf zu häufiges und ausgiebiges Gießen zurückzuführen, sondern nur auf übermäßige Wasserzufuhr im Zusammenhang mit nicht wasserdurchlässigem Pflanzstoff. Bei z.B. auf Kork aufgebundenen Orchideen ist das Entstehen einer solchen gefährlichen Staunässe nicht möglich.
Sind die Wurzeln durch Sauerstoffmangel abgestorben, so muss die Orchidee unbedingt in neuen, luftdurchlässigen Pflanzstoff umgesetzt werden, damit die sich in der neuen Vegetationsperiode bildenden Wurzeln nicht erneut absterben.
Da sich der Pflanzstoff in der Topfkultur im Laufe der Jahre zersetzt und verdichtet, muss regelmäßig ein Umtopfen erfolgen, damit die Gefahr der Staunässe im Wurzelbereich vermieden wird.
Auf der anderen Seite ist natürlich eine zu trockene Kultur Orchideen nicht zuträglich. Vor allem bei Arten der Pseudobulben merkt man erst relativ spät, dass Wassermangel vorliegt.
Wenn bei gesundem Wurzelwerk die Pseudobulben stark schrumpfen bzw. Blätter frühzeitig gelb werden und abfallen, spätestens dann muss für ausreichend Feuchtigkeit des Pflanzstoffes gesorgt werden. Dabei ist darauf zu achten, dass der Pflanzstoff durch das Gießen auch bis in tiefere Schichten wirklich feucht wird und das Gießwasser nicht nur oberflächig wegrinnt; denn stark ausgetrockneter Pflanzstoff benötigt eine gewisse Zeit der Wässerung, bis er wieder Wasser aufnimmt.

**BAKTERIEN**
Ein Abfaulen von Blättern (und auch von Pseudobulben) kann nicht nur durch Pilze, sondern auch durch Bakterien der Gattung Pseudomonas und Erwinia hervorgerufen werden.
Die ersten Anzeichen sind glasig wässrige, bräunliche Faulflecken entweder am Blattgrund oder auch an der Blattspitze, d.h. an Stellen, an denen sich Feuchtigkeit langer hält.
Die Krankheit dehnt sich nur bei Feuchtigkeit aus, bei Trockenheit kommt sie zum Stillstand. Zur Vermeidung von Bakterienfäule bedeutet dies, dafür zu sorgen, dass die Blätter nach dem Gießen oder Sprühen schnell abtrocknen. Das Gleiche gilt auch für die Pseudobulben: Befallene Pflanzen müssen isoliert werden.
Kranke Pflanzenteile sollten unter Vermeidung der Übertragung von Bakterien (Desinfizierung der benutzten Geräte) rechtzeitig und vollständig entfernt werden.
Bakterien sind für den Nichtfachmann oft kaum von Pilzinfektionen unterscheidbar, die Symptome ähneln sich – nur dass Bakterien oft weich-wässrige Stellen hervorrufen, während Pilze mehr trockene Flecken auf Blättern erzeugen.
Bakterienkrankungen können nicht geheilt werden. Meist sind es rundliche oder streifige Verfärbungen der Blätter, die besonders gerne Cymbidien befallen. Betroffene Pflanzen sofort vernichten, möglichst verbrennen!

**PILZKRANKHEITEN**
Als parasitäre Krankheiten werden Pilzkrankheiten durch entsprechende Pilzsporen übertragen. Bei genügender Feuchtigkeit keimen die Sporen auf den Pflanzen und entwickeln sich weiter, indem sie die für ihr Wachstum notwendigen Nährstoffe der Wirtspflanze entziehen und diese dadurch schädigen.
Pilzkrankheiten entwickeln sich am besten in schlecht belüfteten Kulturräumen mit zu hoher Luftfeuchtigkeit. Sie sind die Ursache für Blattfleckenkrankheiten und das Abfaulen von Pflanzenteilen, besonders der Wurzeln. Man erkennt sie an schwarzen und braunen Verfärbungen der Blattspitzen, Blattbasen oder scharf begrenzten Flecken, um nur einige Schadsymptome zu nennen. Meist wird ihre Entstehung durch zu feuchtheißes Klima gefördert. Bei starkem Befall sollte man also trotz aller Pflanzenliebe mit dem Befeuchten sparsamer sein und dafür sorgen, dass die Pflanzen nach dem Gießen bis zum Abend wieder trocken sind. Auch bei der Pilzbekämpfung darf man niemals von einem Präparat allein die Vernichtung aller Erkrankungen erhoffen, sondern muss in wöchentlichem Abstand mit stets wechselnden Präparaten eine Pflanzenkur durchführen, wenn man erfolgreich sein will.

**FALSCHES LICHT**
Bei den Orchideen ist es oft sehr schwer festzustellen, ob Lichtmangel oder Stickstoffüberschuss vorliegt; denn die Erscheinungsformen sind sehr ähnlich: z.B. dunkelgrüne und weiche Blätter, überlanger und schwächlicher Triebwuchs, schwache Wurzelbildung und gestörte Blütenbildung.
Zu wenig Licht bedeutet auch Reduktion des Stoffwechsels, was wiederum eine Empfindlichkeit gegen zu viel Wasser und Dünger zu Folge hat. Dadurch werden die Pflanzen anfällig für Wurzelfäule und Blütenflecken.
Die Sorge, dass die Orchideen als Tropenpflanzen zu wenig Licht bekommen, ist vor allem in den mittleren Breiten der Erde im Winter begründet. Eine Zusatzbelichtung in dieser Zeit ist bei Gewächshauskultur jedoch aus ökonomischen Gründen nicht empfehlenswert und bei Einhaltung entsprechender Pflegevorschriften (z.B. niedrige Temperaturen, zurückhaltendes Gießen, wenig Düngen) auch nicht notwendig. Orchideen sind diesbezüglich sehr anpassungsfähig.
Zu viel Licht (in Verbindung mit zu viel Wärme) bekommt Orchideen jedoch sehr schlecht. Allerdings kann man dagegen Schattierungsmaßnahmen vornehmen.
Die Folge von Lichtüberfluss ist zunächst die gelbliche oder rötliche Verfärbung der Blätter. Ein weiteres Stadium führt über die Bildung von Brennflecken (dunkelbraunes Zentrum mit weißlichem Rand) bis zum völligen Absterben der Blätter.

*Oben: Im Gewächshaus herrscht hohe Luftfeuchtigkeit*

## VIRUSKRANKHEITEN

Bei Orchideen kommen vor allem Viruskrankheiten durch den Cymbidium-Mosaikvirus und den Odontoglossum-Ringfleckenvirus vor. Doch selbst Spezialisten können aufgrund äußerlicher Symptome allein keine eindeutige Diagnose stellen; nur mit Hilfe eines Elektronenmikroskops lassen sich die Viren feststellen. Das Krankheitsbild reicht von mosaikähnlichen Blattverfärbungen bis zu Missgestaltungen von Blüten und Trieben. Für den Orchideenliebhaber ist daher nur der vorbeugende Pflanzenschutz interessant.

Die Übertragung der Viren erfolgt im Wesentlichen durch den Pflanzensaft viröser Pflanzen entweder direkt beim Schneiden von Pflanzenteilen oder auch indirekt durch saugendes oder beißendes Ungeziefer, wie z.B. durch Blattläuse, Wollläuse oder Schnecken.

Das Desinfizieren von benutztem Werkzeug und die Schädlingsbekämpfung sind die besten Vorbeugungsmittel gegen die Ausbreitung von Viruskrankheiten. Da eine chemische Bekämpfung bis heute noch nicht möglich ist, bleibt beim Feststellen von stark mit Viren befallener Orchideenpflanzen eigentlich nur ihre vollständige Vernichtung, was am besten durch Verbrennen geschieht.

## FALSCHE NÄHRSTOFFZUFUHR

Die richtig dosierte Zufuhr von Stickstoff und Phosphor ist neben der ausreichenden Versorgung mit Kalzium und Kalium die wichtigste Voraussetzung für ein optimales Wachstum. Daher wirkt sich sowohl ein Mangel als auch ein Überschuss der erwähnten Stoffe ungünstig auf Orchideen aus.

Darüber hinaus gibt es auch Mangelerscheinungen durch zu wenig Zufuhr einiger Metalle (z.B. Eisen, Kupfer, Magnesium). Durch die Überlagerung der verschiedenen Symptome ist es allerdings schwierig, ohne umfassende Versuche eindeutige Gegenmaßnahmen zu treffen.

## VORBEUGEN IST BESSER ALS HEILEN

Dieser Spruch gilt für die Orchideenhaltung ganz besonders. Nur wenn man seine Pflanzen ständig beobachtet, erkennt man auch sofort Fehlentwicklungen. In jedem Fall ist es besser, eine kranke Pflanze auszusondern, als alle anderen anzustecken. Aber Vorsicht: Messer und Scheren, mit denen kranke Blätter oder Blüten abgeschnitten wurden, müssen immer wieder neu desinfiziert werden, um keine Bakterien, Viren oder Pilze mit dem frischen Saft einer Pflanze direkt ins Innengewebe einer anderen zu übertragen!

# Führer zur richtigen Handhabung des Buches

*Aufgrund der unglaublichen Vielzahl von Orchideen-Arten und Hybriden wird in diesem Naturführer auf eine schematische Darstellung verzichtet. Die jeweilige Beschreibung der einzelnen Arten ist sehr individuell gehalten und vermittelt alles Wissenswerte über Herkunft, Aussehen und richtige Pflege, wobei die Länge der Beschreibung keinerlei Wertung darstellt. Es wird immer der lateinische Name angegeben, nur bei den Erdorchideen wird auch der deutsche Name erwähnt.*

**VISITENKARTE**
Die Visitenkarte vermittelt auf einen Blick die wichtigsten Eigenschaften der jeweiligen Orchidee: Herkunft, Blütezeit, Pflanzengröße, die richtige Temperatur und den Pflegebedarf. Aufgrund der verschiedenen Ansprüche von Orchideen werden in diesem Naturführer zwei verschiedene Visitenkarten verwendet. Zur leichteren Unterscheidung wurden auch verschiedene Farben gewählt: Die Visitenkarte der Zimmerorchideen ist rot gekennzeichnet, die der Erdorchideen gelb.

**Zimmer-orchideen**

**Erdorchideen**

**VISITENKARTE ZIMMERORCHIDEEN**
**Blütezeit:** Die Blütezeit von Orchideen und die Länge der Blütezeit ist sehr unterschiedlich, daher kommt diesem Punkt große Bedeutung zu. Schließlich will man wissen, ob mit der Pflanze alles in Ordnung ist und wann bzw. wie lange man mit der Blütenpracht rechnen kann.
**Heimat:** Viele Orchideen-Freunde möchte wissen, woher ihr »Schützling« kommt und oft ist es ein faszinierender Gedanke, einen Hauch von Exotik in sein Heim zu holen. Man kann dabei mit Ausnahme der Antarktis zwischen allen Kontinenten wählen. Hier ein grober Überblick über die Häufigkeit auf den einzelnen Kontinenten: Eurasien (etwa 40 bis 60 Gattungen), Nordamerika (etwa 20 bis 30 Gattungen), Mittel- und Südamerika (etwa 300 bis 350 Gattungen), Tropisches Afrika (etwa 125 bis 150 Gattungen), Tropisches Asien (etwa 250 bis 300 Gattungen), Ozeanien (etwa 50 bis 70 Gattungen).
**Kultur:** Ganz wichtig ist es, die Temperaturansprüche der jeweiligen Pflanzen zu kennen. Allgemein unterscheidet man drei Bereiche, die auch in der Visitenkarte angegeben sind: warm, temperiert und kalt (kühl).
**Pflege:** Um nicht gleich nach dem ersten Orchideenkauf entmutigt zu werden, sollte der Anfänger mit einer möglichst anspruchslosen Pflanze beginnen. Hier findet man Hinweise, welche Orchidee die passende ist. Die Skala reicht dabei von anspruchslos über mäßig anspruchsvoll bis hin zu sehr anspruchsvoll. Letzteres ist nur wirklichen Experten zu empfehlen!

**VISITENKARTE ERDORCHIDEEN**
**Heimat:** Auch Erdorchideen findet man auf allen fünf Kontinenten. Sie besiedeln Wälder, Trockenrasen und Ödland, Moore und Sümpfe. Hier sehen Sie, woher Ihre Pflanze ursprünglich stammt.

*Oben:* Bulbophyllum gigantea
*Nächste Seite: Orchideen im Glashaus*

**Standort:** Der richtige Standort ist für das Gedeihen der jeweiligen Orchidee extrem wichtig und wird daher hier auch sehr genau angegeben.
**Pflanzengröße:** Hier erfährt man die ungefähre Größe der ausgewachsenen Pflanze, damit man sich schon von vornherein Gedanken über die richtige Wahl der Orchidee und den ungefähren Platzbedarf Gedanken machen kann.
**Blütengröße:** Die Blüten der Erdorchideen sind so vielfältig wie die der ganzen Pflanzenfamilie der Orchideengewächse. Allerdings sind die Blüten der meisten Erdorchideen, wie die Pflanzen selbst, nicht sehr groß und oft unscheinbar. Es gibt aber auch hier sehr attraktive Farben und Formen.
**Blütezeit:** Im Gegensatz zu den Zimmerorchideen unterliegen die Erdorchideen der gemäßigten und mediterranen Klimate einem strengen Wachstumszyklus und haben nur eine sehr kurze Wachstumsperiode. Sie blühen daher meist nur kurz, und das vor allem in den Monaten Mai bis August.

# Zimmer-orchideen

# ZIMMERORCHIDEEN

*Will man Orchideen in der Wohnung erfolgreich kultivieren, sind einige Faktoren unbedingt zu beachten: Alle Orchideen brauchen Feuchtigkeit, Licht und Wärme, während Zugluft unbedingt vermieden werden sollte. Die Verhältnisse, welche Orchideen in ihrer Heimat, den (Sub)-Tropen vorfinden, müssen auch im Haus möglichst ähnlich gestaltet werden. Höhere Temperaturen bedingen meistens höhere Luftfeuchtigkeit, wobei mindestens 50% erforderlich sind. Wird nur eine Luftfeuchtigkeit von 40% erreicht, müssen die Orchideen täglich vormittags besprüht werden. Am besten haben sich mit Kies und Wasser gefüllte Wannen unter den Orchideentöpfen bewährt, doch dürfen die Töpfe nicht direkt auf dem Kies aufliegen. Die Verdunstung wiederum kann durch ein Heizkabel in der Wanne verbessert werden. Man kann stattdessen aber auch zusätzlich mehrmals am Tag fein verteilt Wasser über den Pflanzen versprühen. Hält man mehrere Topfpflanzen nebeneinander, ist dies günstiger für ein feuchtes Kleinklima als nur eine Pflanze.*

*Die meisten Orchideenwurzeln sind von einem Mantel umgeben, in dem Wasser gespeichert wird. Ist dieser Speicher voll, hat er eine grüne Färbung, ist er eher silbern, ist der Wasservorrat leer. Zum Gießen verwendet man weiches, zimmerwarmes, sauerstoffreiches, leicht saures Wasser, (sauberes) Regenwasser oder entsalztes Wasser. Man kann dieses kaufen oder aus Kühlschrank und Trockner entnehmen. Je mehr Feuchtigkeit die Pflanzen aus der Luft aufnehmen, umso weniger darf gegossen werden. Auch hier gilt natürlich: weniger ist mehr, denn die meisten Fehler passieren durch zu reichliches Gießen. Bei Staunässe werden die Wurzeln faul und die Blätter gelb. Im Allgemeinen gießt man*

*Oben:* Pleione maculata
*Rechts:* Phalaenopsis lueddermanniana

*Oben:* Neomoorea irrorata

*während der Vegetationszeit nur alle 7–14 Tage. Zeigt sich auf der Pflanzerde ein dunkelgrauer Belag (Blaualgen), ist das ein Zeichen für schlechtes, d.h. zu alkalisches Wasser. Dann sollte man ein Enthärtungsmittel anwenden oder das Wasser über Torf laufen lassen. Orchideen in Räumen unter 20° C müssen alle 10 Tage gegossen werden.*

*Die meisten Orchideen brauchen auch sehr viel Licht. Die Lichtdauer sollte mindestens 10–12 Stunden pro Tag betragen. Ist das nicht der Fall, muss man manchmal mit künstlicher Beleuchtung nachhelfen. Dafür eignen sich z.B. auch Leuchtstoffröhren, die man mindestens 15 cm über den Pflanzen installiert. Man sollte Topforchideen immer am (Doppel)-Fenster ziehen, wobei Südfenster im Sommer schattiert werden müssen, um direkte Sonneneinstrahlung zu vermeiden. Helle Ost- und Westfenster sind meist gut geeignet, Phalaenopsis z.B. gedeihen auch an Nordfenstern. Die ideale Tagestemperatur beträgt um 18–23° C. Sie kann während des Sommers durchaus etwas höher sein, hingegen ein paar Grade niedriger im Winter. Die Nachtabsenkung der Temperatur ist bei allen Orchideen erwünscht, sie sollte aber 5° C nicht überschreiten. Diese Absenkung ist bei vielen Arten notwendig, um später Blüten zu bilden.*

*Es gibt eine allgemeine Regel: Orchideen mit dickfleischigen Blättern brauchen höhere Temperaturen und vertragen mehr Sonne als solche mit zarten Blättern. Temperierte Bedingungen bedeuten, dass die Orchideen 20° C brauchen, sind sie kühl zu halten, sollten die Temperaturen bei 15° C liegen. Kühl zu haltende Orchideen bleiben zudem immer auf ihrem Platz. Alle anderen Orchideen lieben es auch, ab Juni im Freien zu stehen. Allerdings ist übermäßige und direkte Sonne zu vermeiden. Der Aufenthalt im Freien macht die Orchideen kräftiger und lässt sie Temperaturschwankungen besser überstehen als im Zimmer. Sie halten draußen auch Temperaturen bis 30° C aus, sollten aber in jedem Fall auch gegen Regen geschützt stehen. Im Herbst werden sie dann wieder ins Haus geholt und haben danach ihre Ruhezeit. Die ideale*

*Temperatur dafür ist in der Regel 10° C, wobei ein heller Standort notwendig ist. In dieser Zeit wird nur ganz wenig gegossen. Danach werden die Orchideen wieder an normale Zimmertemperatur gewöhnt. Ohne Ruhezeit gibt es auch keine Blüten. Steckt man einen dünnen Holzstab bis auf den Topfboden und das untere Drittel ist nicht mehr feucht, heißt das, dass wieder gegossen werden muss.*
*Gegossen wird immer morgens und immer nur auf die Erde. Wintergärten und beheizte Kleingewächshäuser sind als Standort ebenfalls geeignet. Warme Heizungsluft sollte nach Möglichkeit umgeleitet werden, z.B. durch eine senkrecht stehende Pappe am Fensterbankrand. Orchideen mögen zwar frische Luft, vertragen aber keine Zugluft, schon gar nicht, wenn sie kalt ist.*
*Orchideen brauchen nur wenig Dünger, mit einem Spezialdünger aus dem Fachhandel ist man eigentlich immer gut beraten. Ansonsten gilt die Regel, dass man den zehnten Teil des Düngers nimmt, der bei anderen Blumen angewendet wird. Gedüngt wird nur alle 2–4 Wochen und niemals auf trockenes Wurzelwerk.*
*Die meisten Orchideen brauchen eine Ruhezeit, um danach blühen zu können. Meist ist diese im Winter. In dieser Zeit sollte man noch weniger gießen, keinen Dünger verwenden und die Temperaturen in der Nacht absenken. Frühestens nach 2 Jahren müssen die Orchideen umgepflanzt werden. Der richtige Zeitpunkt ist dann gekommen, wenn neue Triebe bereits über den Topfrand wuchern, die Wurzeln faulen und an den Wurzeln kleine dunkelgrüne Zellen sichtbar sind bzw. das Substrat zersetzt ist. Der neue Topf sollte ca. eine Nummer größer sein als der alte. Bei der Wahl sollte man beachten, dass bei Tontöpfen mehr gegossen werden muss als bei Plastiktöpfen. Plastiktöpfen ist aber aus verschiedenen Gründen trotzdem der Vorzug zu geben.*
*Einen Tag vor dem Umpflanzen werden die Pflanzen noch einmal gut gegossen. Dann werden die Wurzeln mit einem Messer vom Topfrand gelöst, das alte Substrat wird vorsichtig entfernt und vertrocknete und faule Wurzeln werden mit einer scharfen Schere abgeschnitten. Man sollte nicht vergessen, nach jedem Schnitt das Werkzeug zu desinfizieren und überdies die Schnittstellen mit Holzkohlepulver einzupudern. Zu lange Wurzeln werden abgeschnitten. Anschließend bedeckt man den Boden des neuen Topfes (ideal ist ein Gittertopf) mit einer Dränageschicht aus Blähton oder sauberem Kies, stellt die Pflanze in den Topf und schiebt dann das*

*Rechts:* Kefersteinia

*Oben:*
Neomoorea irrorata

*neue Substrat, leicht angefeuchtet, zwischen die Wurzeln. Es darf dabei kein Hohlraum entstehen, aber auch nicht übermäßiger Druck ausgeübt werden. Das Substrat muss locker bleiben. Eintriebig wachsende Pflanzen setzt man in Topfmitte, mehrtriebige mit dem ältesten Trieb am Rand. Der Topf wird etwas aufgestoßen, damit sich die Erde setzt. Danach werden die Pflanzen an einen warmen, schattigen Platz gestellt und nur einige Tage lang besprüht. Es kann aber auch einige Tage lang ein durchsichtiger Folienbeutel mit einigen Löchern über die Pflanze gestülpt werden. Das erste Mal sollte nach etwa 5–6 Wochen gedüngt werden.*

*Es gibt im Fachhandel zahlreiche Zusammensetzungen für die Orchideenerde, auch aus besonderen Styroporchips (Orchid Chips). Einige Orchideenzüchter empfehlen mehrere Erden, die je nach Art speziell zusammengemischt sind. Die Düngung ist immer abhängig vom verwendeten Substrat. Man kann dieses aus Rinden von Kiefern und anderen Nadelhölzern, gemischt mit Holzkohle, Kokosfasern, Kies oder Blähton auch selbst herstellen. Nur Cymbidium und Frauenschuh brauchen zusätzlich einen Lehm- und Sandzusatz und außerdem etwas Blumenerde. Bei Cattleya, Cymbidium, Lycaste, Oncidium, Paphiopedilum, Phalaenopsis ist auch die Haltung in Hydrokultur möglich.*

*Anlässlich des Umtopfens kann die Pflanze auch geteilt werden. Dabei sollten mindestens drei Bulben bei der alten Pflanze verbleiben, und auch die neue sollte mindestens drei Bulben erhalten.*

*Viele Orchideen können auch als Epiphyten auf einen Baumstamm aufgebunden werden. Dafür eignen sich beispielsweise Ahorn, Apfelbaumäste, brasilianischer Baumfarn, Eichen-, Robinien- oder Ulmenäste. Dabei werden die Orchideenwurzeln mit Sphagnum-Moos umhüllt und mit breiten erdfarbenen Nylonstreifen auf dem Stamm befestigt. Im Sommer muss täglich darauf geachtet werden, dass das Moos nicht austrocknet.*

*Die Vermehrung sollte weitgehend Fachleuten überlassen bleiben, welche die so genannte »Meristemvermehrung« entwickelt haben: Aus einem wachsenden Trieb werden geringe Mengen herausgeschnitten und unter genau festgelegten Bedingungen herangezogen. Dadurch kann man auch besonders schöne Exemplare »klonen«. Für den Eigenbedarf reicht es aber, die Orchidee beim Umtopfen zu teilen.*

# Angraecum leonis

**Visitenkarte**

**Blütezeit**
Januar–April

**Heimat**
Madagaskar, Komoren

**Kultur**
Warm

**Pflege**
Sehr anspruchsvoll

Zur Gattung Angraecum gehören etwa 200 Arten, die im tropischen Afrika (etwa 45 Arten), auf den Maskarenen (34), den Komoren (7), den Seychellen (1), auf Ceylon (1) und vor allem auf Madagaskar (126 Arten) vorkommen. Sie zählt damit zu den größten Orchideengruppen Afrikas. Hinsichtlich ihrer Größe unterscheiden sich die einzelnen Arten sehr deutlich untereinander und auch im Hinblick auf den Blütenbau findet sich eine große Vielfalt.

Diese fast stammlose Art trägt nur sehr wenige, fleischige Blätter, welche dicht nacheinander senkrecht am Stamm entspringen.

Die Pflanze braucht einen sehr hellen Standort mit direkter Vor- oder Nachmittagssonne und Schatten am Mittag. Die Luftfeuchtigkeit sollte zwischen 60–90% liegen und vor allem im Sommer möglichst hoch sein. Während des Wachstums sollte die Pflanze kräftig gegossen werden, das Wasser muss aber schnell wieder ablaufen können. Gegossen wird erst wieder, wenn das Substrat abgetrocknet ist. An ihrem Naturstandort machen die Pflanzen eine lange Trockenzeit durch, daher sollte im Winter das Gießen stark reduziert werden. An hellen Tagen muss gesprüht werden, alle 2 Wochen verträgt die Pflanze auch eine kleine Wassergabe. Die Wurzeln faulen allerdings leicht, wenn die Art im Winter zu nass steht. Sollten die Blätter anfangen zu schrumpfen, muss man die Wassergaben leicht steigern und die Luftfeuchtigkeit erhöhen.

Die Temperaturen dürfen im Sommer die 30°-C-Marke leicht überschreiten, im Winter sollte es auch in der Nacht nicht kälter als 20° C sein.

Gedüngt wird alle 1–2 Wochen, allerdings sollte der Orchideendünger nur mit halber Konzentration angewendet werden. Zwischen den Düngergaben muss immer mit sauberem Wasser gespült werden.

Umgetopft wird so selten wie möglich, deshalb sollte man den Topf und das Substrat so wählen, das ein Umtopfen nur alle paar Jahre notwendig ist. Die Kultur ist aufgebunden, aber auch im Körbchen möglich. Verwendet wird ein luftiges Substrat mit grober Rinde.

Diese Art ist beliebt, weil sie nicht so groß wird wie viele andere Vertreter dieser Gattung (ca. 15–20 cm Höhe).

Synonyme: *Aeranthus leonis, Angraecum humblotti, Mystacidium leonis, Macroplectrum leonis.*

# Angraecum sesquipedale

Diese Orchideenart ist auf Madagaskar heimisch. »Sesquipedale« bedeutet etwa »eineinhalb Fuß« (wenngleich der Sporn auch nicht ganz diese Länge erreicht). Alle Blütenblätter bilden zusammen einen 6-strahligen Stern, sodass diese Art in ihrer Heimat auch »Stern von Madagaskar« genannt wird. Die duftenden Blüten sind von schöner elfenbeinweißer Farbe und halten ca. 3 bis 4 Wochen. Charles Darwin vermutete bereits 1862 als Bestäuber dieser besonders zur Nachtzeit duftenden weißen Blüte einen Nachtfalter mit einem etwa 25 cm langen Rüssel und setzte sich dabei dem Spott der Entomologen aus. Aber ein solcher Falter wurde 1903 entdeckt und erhielt den Namen *Xanthopan morgani praedicta* (*praedictus* = der Vorhergesagte). Dieser wurde allerdings erst vor einigen Jahren tatsächlich auch an der Blüte beobachtet. Die Pollenpakete (Pollinien) der Orchidee werden bei der Nektaraufnahme dem Rüssel angeklebt und so übertragen. Der Bestäuber von *Angraecum sesquipedale* ist in den vergangenen Jahren in Madagaskar sehr selten geworden; so sank der Fruchtansatz der Orchideen auf 1% der Blüten herab.

## Visitenkarte

**Blütezeit**
Meist Winter

**Heimat**
Madagaskar

**Kultur**
Warm

**Pflege**
Mäßig anspruchsvoll

Zur Gattung Angraecum gehören etwa 200 Arten, die im tropischen Afrika (etwa 45 Arten), auf den Maskarenen (34), den Komoren (7), den Seychellen (1), auf Ceylon (1) und vor allem auf Madagaskar (126 Arten) vorkommen. Sie zählt damit zu den größten Orchideengruppen Afrikas. Hinsichtlich ihrer Größe unterscheiden sich die einzelnen Arten sehr deutlich untereinander und auch im Hinblick auf den Blütenbau findet sich eine große Vielfalt. Eine ganze Reihe von Arten besitzt auffallend lange nektarführende Blütensporne als Sonderbildungen der Lippe. Ihre Länge kann 35 cm und mehr erreichen, wobei nur der unterste Teil mit Nektar gefüllt ist. Die weißen oder grünlichen Blüten besitzen einen ausgeprägten, mehr oder weniger langen Sporn. Die meisten Arten bevorzugen einen warmen Kulturraum mit vollem Licht oder mindestens Halbschatten. Es reicht, wenn man alle 3 bis 4 Jahre im Frühjahr verpflanzt. Wegen ihrer stattlichen Maße ist die Gattung nur dann geeignet, wenn wirklich viel Platz vorhanden ist.

Alle Arten brauchen viel frische Luft, im Sommer viel Wärme und auch hohe Luftfeuchtigkeit. Die Nachttemperaturen können allerdings ziemlich stark abgesenkt werden, weil dadurch die Pflanze abgehärtet wird. Während der Wachstumsperiode kräftig gießen!

# Anguloa uniflora

## Visitenkarte

**Blütezeit**
Spätfrühling/ Sommer

**Heimat**
Kolumbien bis Peru

**Kultur**
Temperiert

**Pflege**
Mäßig anspruchsvoll

Diese aus Mittelamerika stammende Gattung wird zum Teil sehr groß. Ihre Heimat sind vor allem die südamerikanischen Anden. Es handelt sich um eine relativ kleine Gattung mit lediglich 10 Arten. Sie gleicht in der Kultur weitestgehend Lycaste. Die Blüten halten sehr lange, die Hauptblütezeit ist der Frühling. Bekannt ist die Gattung auch unter dem Namen »Tulpenorchidee«, da eine große Ähnlichkeit mit den Blüten dieses berühmten Zwiebelgewächses besteht.

Der Temperaturbereich sollte kühl-temperiert sein, die Luftfeuchtigkeit zwischen 60 und 80% betragen. Im Winter findet eine ausgeprägte Ruhezeit statt, in der die Blätter abgestoßen werden. Jetzt darf so gut wie nicht gegossen werden. Die Luftfeuchtigkeit sollte aber nicht zu niedrig sein. Die Pflanze liebt einen hellen Standort ohne direkte Sonne. Im Frühjahr setzt das Wachstum ein. Dann wird wieder gegossen, wobei der Wasserbedarf während des Wachstums sehr groß ist. Alle 10–14 Tage sollte gedüngt werden, am Anfang mehr stickstoffbetont, ab Ende August dann mehr phosphor- und kaliumbetont zwecks Blütenbildung.

Nach den Eisheiligen kommen die Pflanzen in den Garten, wenn die ersten Nachtfröste einsetzen, sollte man sie in den Wintergarten räumen.

Zur Gattung gehören die Arten *Anguloa cliftonii, Anguloa uniflora, Anguloa cruenta, Anguloa clowesii* und *Anguloa ruckeri.*

# Ascocentrum ampullaceum

Der Name kommt vom Griechischen »askos« (= Schlauch) und »kentron (= Sporn), meint also eine Blüte mit schlauchartigem Sporn. Es handelt sich um eine sehr attraktive Zwergpflanze, die große Ähnlichkeit mit den winzigen Vanda-Arten hat. Allerdings hat diese sehr beliebte Orchidee auch recht hohe Ansprüche und ist nicht leicht zu halten.

Die Blütentraube steht aufrecht und wird bis zu 12 cm hoch. Meistens wächst mehr als eine Blütentraube gleichzeitig. Die Blüten sind ca. 2 cm groß, sehr langlebig und rotviolett. Die unteren Blätter fallen im Alter dann ab. Die Blätter sind ungewöhnlich widerstandsfähig und halten auch die pralle Tropensonne aus. In ihrer Heimat wächst die Pflanze auch an völlig kahlen und felsigen Südhängen.
Auch bei uns liebt die Orchidee die Sonne, was ihre Haltung sehr schwierig macht. Im Winter bekommt sie zu wenig Sonnenlicht und wächst oft langsam und zögerlich.

Die Arten der Gattung benötigen warm-temperierte Bedingungen: Im Sommer: 30–25° C, im Winter: 22–17° C (Tiefstwerte um 13° C werden im Winter zeitweise toleriert.) Die Luftfeuchtigkeit sollte 60–90% betragen. Die Gattung Ascocentrum wird meist ohne Substrat kultiviert, da die Wurzeln sehr anfällig gegen Fäulnis sind. Selbst normales Orchideensubstrat lässt nicht genügend Luft an die Wurzeln. Bei der Wasserzufuhr von Ascocentrum gilt es Folgendes zu beachten: Um den Wurzeln maximale Frischluft zukommen zu lassen, kultiviert man sie meist ohne Substrat. Dadurch trocknen die Wurzeln aber sehr schnell aus. Deshalb müssen sie mindestens einmal täglich angesprüht werden, bei großer Hitze auch öfter.

**Visitenkarte**

**Blütezeit**
Spätfrühling

**Heimat**
Himalaja, Burma, Thailand

**Kultur**
Temperiert

**Pflege**
Anspruchsvoll

# Ascocentrum miniatum

**Visitenkarte**

**Blütezeit**
Frühjahr

**Heimat**
Himalaja

**Kultur**
Temperiert

**Pflege**
Anspruchsvoll

Die Farbe der etwa 2 cm großen Blüten reicht von Orange über Gelborange bis Zinnoberrot (= *miniatum*).
Die Arten der Gattung benötigen warm-temperierte Bedingungen: Im Sommer: 30–25° C, im Winter: 22–17° C (Tiefstwerte um 13° C werden im Winter zeitweise toleriert). Die Luftfeuchtigkeit sollte 60–90% betragen. Da die Wurzeln sehr schnell austrocknen, sollten sie einmal in der Woche für 20–30 Minuten in einen Wassereimer getaucht werden, es darf aber kein Wasser in den Blattachseln und im Herz stehen bleiben (besonders in der Nacht), da es sonst zu Fäulnis kommen kann. Man kann auch mit Wasser gefüllte Röhrchen, wie man sie oft mit Schnittblumen mitgeliefert bekommt, an größere Wurzeln hängen. Dabei sollte man aber vorsichtig vorgehen, drückt man die Wurzelspitze zu stark, kann es zum Wachstumsstopp kommen. Im Sommer sollte dem Sprühwasser alle 1–2 Wochen Orchideendünger mit der Hälfte der auf der Packung angegebenen Konzentration zugesetzt werden. Im Winter verlangsamt sich das Wachstum aufgrund des geringeren Lichtangebotes. Deshalb reicht in dieser Zeit eine Düngung alle 3–4 Wochen.
Die Gattung Ascocentrum wird meist ohne Substrat kultiviert, da die Wurzeln sehr anfällig gegen Fäulnis sind. Selbst normales Orchideensubstrat lässt nicht genügend Luft an die Wurzeln. Es gibt allerdings immer wieder erfolgreiche Versuche, grobe Rinde als Substrat zu verwenden. Dies ist aber eher die Ausnahme und bedarf einiger Erfahrung. Auch Steine werden manchmal zum Abdecken der Wurzeln verwendet.
Ascocentrum ist sehr lichthungrig: Von Ende August bis Anfang Juni wird auch direktes Sonnenlicht vertragen. Nur im Hochsommer muss die Pflanze etwas schattiert werden. Ohne eine hohe Lichtdosis bilden sich keine Blüten. Hauptblütezeit ist das Frühjahr und der Herbst. Hybriden blühen aber auch das ganze Jahr über.
Nach der lichtarmen Jahreszeit muss die Pflanze langsam wieder an die Sonne gewöhnt werden, sonst kann es zu Verbrennungen kommen.
Ascocentrum wird, vor allem bei zu nass-kalter Haltung, leicht von Pilzen und Bakterien befallen.

# Brassavola

Die Gattung hat ihren Namen vom italienischen Botaniker und Arzt A.M Brassavola und umfasst ca. 20 Arten. Es handelt sich um epiphytische bis terrestrisch wachsende Orchideen mit sprossartigen Pseudobulben, die in Zentral- und Südamerika beheimatet sind.
Die Blätter sind hängend bis aufrecht und 10 bis 15cm lang.
Brassavolen brauchen im Sommer einen hellen, jedoch etwas beschatteten Standort im warmen bis temperierten Glashaus (tagsüber zwischen 22 und 25° C). Es sollte reichlich gegossen und bis zur Blüte schwach gedüngt werden. Nach der Blüte braucht die Pflanze niedrigere Temperaturen (tagsüber 19° C, nachts um 14° C), eine höhere Luftfeuchtigkeit und nur sehr geringe Wassergaben. Die Wurzeln sind nämlich im Winter extrem empfindlich gegen Staunässe!

**Visitenkarte**

**Blütezeit**
Frühjahr/Sommer

**Heimat**
Mexiko bis Brasilien

**Kultur**
Warm/Temperiert

**Pflege**
Mäßig anspruchsvoll

# Brassia

**Visitenkarte**

**Blütezeit**
Herbst

**Heimat**
Mexiko, Brasilien

**Kultur**
Temperiert

**Pflege**
Anspruchslos

Diese Gattung ist nach dem Forscher und Pflanzensammler William Brass benannt. Zu ihr gehören ca. 50 immergrüne Arten, die jedoch gar nicht so leicht auseinander zu halten sind.
Die Gruppe sollte temperiert/warm gehalten werden. Im Sommer: 25–18° C, im Winter: 20–15° C (nicht unter 15° C). Die Luftfeuchtigkeit sollte 50–70% betragen. Die Gattung braucht viel Frischluft.
Während des Wachstums kräftig gießen, nie ganz austrocknen lassen. Im Winter dann weniger. Während der Wachstumszeit bei jedem zweiten Gießen düngen. Nach Triebabschluss dann nicht mehr düngen, bis sich die Blüte bildet.
Vor der Blüte halten die Pflanzen eine intensive Ruhepause. In dieser Zeit sollte wenig gegossen werden. Die Pflanzen dürfen aber auch dann nicht kalt stehen.
Der Standort sollte hell, aber von März bis September ohne direkte Sonne sein.
Ist der Neutrieb ca. 10 cm groß, kann umgetopft werden. Die Gattung neigt zum Klettern, d.h. der neue Jahrestrieb wächst immer ein Stück höher als der alte.
Brassia ist ziemlich pflegeleicht. Allerdings werden viele Arten sehr groß.

# Bulbophyllum ambrosia

Der ca. 6 cm lange Blütenstiel trägt die ca. 2,5 cm große und sehr angenehm duftende Blüte, worauf auch der Name (*ambrosia* = duftend) hinweist. Die Einzelblüten erscheinen nicht nur an der Basis von gerade ausgereiften, sondern auch von älteren Pseudobulben. Die bewegliche Lippe ist in der Mitte um 180° nach unten gebogen. Auf gelblichem Grund ist sie rotviolett gepunktet.
*B. ambrosia* ist problemlos auf der Fensterbank zu halten. Sie wächst fast wie Unkraut in alle Richtungen und hängt dann schnell über den Topf hinaus. Sie ist relativ anspruchslos. Die ideale Temperatur ist im Winter bei 18°–22° C, nachts bis 15° C, die Art lässt sich aber auch kühl-temperiert oder warm-temperiert pflegen. Der Standort sollte hell, aber ohne direkte Sonne sein. Gleichmäßig gießen, immer feucht, aber nie nass halten. Außerhalb des Wachstums etwas trockener. Dünger sollten nur im Wachstum und sehr verdünnt Anwendung finden. Die Art sollte nur umgetopft werden, wenn es unbedingt nötig ist. Man sollte sie nur aufbinden, wenn man einen sehr luftfeuchten Kulturraum bieten kann, sonst trocknet sie zu schnell aus.

## Visitenkarte

**Blütezeit**
Winter

**Heimat**
Südchina

**Kultur**
Temperiert/Warm

**Pflege**
Anspruchslos

# Bulbophyllum graveolens

**Visitenkarte**

**Blütezeit**
Sommer

**Heimat**
Papua-Neuguinea

**Kultur**
Warm/Temperiert

**Pflege**
Anspruchslos

Es handelt sich um eine sehr robuste Art, die in den Regenwäldern von Papua-Neuguinea wächst. Die Blüten sind sehr langlebig. Die Pflanze wird bis zu 30 cm groß und ist stark riechend (= *graveolens*), aber nicht stinkend.
Erstmals beschrieben wurde sie im Jahr 1893, bekannt ist sie auch unter dem Namen *Cirrhopetalum robustum*.
*B. graveolens* liebt temperiert bis warme Bedingungen und braucht einen halbschattigen bis hellen Standort. Ideal ist eine leichte Luftfeuchtigkeit. Während des Wachstums muss regelmäßig gedüngt werden, im Herbst und Winter weniger. Ähnlich verhält es sich mit dem Gießen: Während des Wachstums muss die Pflanze feucht, aber ohne Staunässe gehalten werden, im Winter etwas trockener. Diese Orchidee ist recht anspruchslos und damit auch für den Anfänger zu empfehlen.

# Bulbophyllum lasiochilum

Der Name dieser Gattung leitet sich vom griechischen *»bulbos«* (= Knolle) und *»phyllon«* (= Blatt) ab und bezieht sich auf das Erscheinungsbild typischer Vertreter. Erstmals beschrieben wurde die Gattung im Jahr 1822, sie ist in Afrika, in Australasien und Amerika verbreitet.
Alle Arten von Bulbophyllum besitzen kriechende Rhizome mit sehr weit auseinander gestellten festen Pseudobulben, die in der Regel an der Spitze ein oder zwei Blätter tragen. Die Größe reicht von ganz winzigen Arten mit nur stecknadelkopfgroßen Pseudobulben bis bis zu riesigen Arten mit bis zu 120 cm langen hängenden Blättern und Pseudobulben mit über 10 cm Höhe! Auch die Blüten können sehr unterschiedlich sein (einblütig auf kurzen oder langen Stielen, vielblütig an langen Stielen). Oft haben die Blüten einen sehr unangenehmen Geruch und das ist sicher einer der großen Nachteile dieser Gattung. Dieser Geruch hat seine Ursache in der Bestäubung durch Fliegen, die auf den Blüten ihre Eier ablegen bzw. abzulegen versuchen. Oft wird die Lockwirkung durch bewegliche Blütenteile noch verstärkt.
Bei *B. lasiochilum* handelt es sich um eine wuchsfreudige Orchidee, die vor allem in Thailand und Malaysia vorkommt. Sie ist unter warmen oder temperierten Bedingungen sehr leicht zu kultivieren und sollte während des Wachstums reichlich gegossen werden.

## Visitenkarte

**Blütezeit**
Frühsommer

**Heimat**
Thailand, Malaysia

**Kultur**
Warm/Temperiert

**Pflege**
Anspruchslos

# Bulbophyllum lobbii

**Visitenkarte**

**Blütezeit**
Frühling–Sommer

**Heimat**
Himalajagebiet

**Kultur**
Warm/Temperiert

**Pflege**
Mäßig anspruchsvoll

Diese Gattung wurde bereits 1822 vom französischen Botaniker L.M.A. Du Petit-Thuoars beschrieben und leitet sich aus dem Griechischen *bulbos* = Bulbe und *phyllon* = Blatt ab. Sie ist die größte innerhalb der Familie der Orchideen und zählt zumindest 1100 Arten!

*B. lobbii* braucht einen hellen Standort ohne direkte Sonne. Das Substrat kann zwar immer feucht sein, es darf aber keine Staunässe entstehen. Vor allem die Neutriebe müssen trocken bleiben, sonst faulen sie leicht. Gedüngt wird im Wachstum alle 2–3 Wochen mit normaler Konzentration. Da die Orchidee anfällig gegen Fäulnis ist, sollte sie in einem luftigen Substrat untergebracht werden. *B. lobbii* ist eine jener Arten, die auf Ballennässe sehr empfindlich reagiert, auch während der Vegetationsperiode! Während der Ruheperiode wird nur soviel gegossen, dass die Blätter und Bulben nicht schrumpfen.

Die Art wächst auch unter temperierten Bedingungen und braucht keine Ruhezeit. Gibt es allerdings Probleme mit der Blütenbildung, empfiehlt sich eine Ruhezeit ohne Substratfeuchte und mit möglichst viel Licht.
Die Kulturform ist im Topf, es ist aber auch eine Haltung in einem Körbchen möglich.
Man sollte darauf achten, dass diese Pflanze relativ viel Platz braucht (ca. 20–30 cm Höhe), allein die Blüten erreichen eine Höhe von 8 cm.
An ihren Naturstandort wächst *B. lobbii* unter ziemlich feuchten Bedingungen. Eigentlich durchzieht den Wald jeden Tag dichter Nebel und es regnet selbst in der Trockenzeit meist einmal täglich. In der Nacht kann die Temperatur auf 8–10° C fallen. Diese Gegebenheiten sollte man berücksichtigen, bevor man sich diese Art anschafft!

# Bulbophyllum medusae

**Visitenkarte**

**Blütezeit**
Herbst

**Heimat**
Malaysia, Sumatra, Borneo

**Kultur**
Warm

**Pflege**
Mäßig anspruchsvoll

Zur Gattung Bulbophyllum zählen ca. 1000 bis 1200 Arten, welche kriechende oder hängende Rhizome mit eckigen Pseudobulben besitzen. Sie wachsen in allen tropischen und subtropischen Gebieten der Erde. Die Blüten bilden sich zu verschiedenen Zeiten im Jahr an Trauben oder Dolden, selten einzeln. Viele davon haben einen stechenden oder süßen Geruch. Eine allgemeine Beschreibung der Gattung ist wegen der unglaublichen Vielzahl und Vielfalt der einzelnen Arten sehr schwierig.

Bei *B. medusae* handelt es sich um eine epiphytische Orchidee mit eiförmigen Pseudobulben und einem schmal-lanzettlichen, ca. 15 cm langen Blatt. Die beiden seitlichen Sepalen und die halbkreisförmige Anordnung der Blüten verleihen der Pflanze das Aussehen eines Medusenhauptes (= *medusae*).

Im Sommer bilden sich aufrechte bis hängende Blütenstiele mit kleinen, weiß oder cremefarbenen, rot oder gelb getupften Blüten. Die ziemlich kleine Lippe ist gelb. Die Pseudobulben sind eiförmig und ca. 4 cm hoch. Auf ihnen befindet sich ein lederartiges, längliches Blatt, das bis zu 20 cm lang und 5 cm breit werden kann. Der Blütenschaft ist ca. 20 cm lang und durch das Gewicht der zahlreichen Blüten leicht gebogen. Die Blüten selbst haben einen leicht modrigen Geruch.

Diese Orchidee kommt vor allem in Thailand, Malaysia bis Borneo und Philippinen vor und liebt warme Temperaturen.

# Cattleya bowringiana

Diese Art ist nach dem englischen Orchideenliebhaber J. C. Bowring benannt. Die 30–50 cm langen, säulenförmigen Pseudobulben sind am Grunde kugelförmig verdickt und nehmen nach oben im Durchmesser zu. An ihrem Ende stehen horizontal die lanzettförmigen, ca. 15 cm langen und 6 cm breiten Blätter. Die rosa bis purpurroten Blüten sind geadert und glitzern recht auffällig.
Die Gattungen lieben warm-temperierte Bedingungen: Im Sommer 29–17° C, im Winter 21–12° C.
In der Vegetationsphase kräftig, in der Ruhezeit sehr sparsam (alle 2–4 Wochen) gießen. Zeigen sich Knospen an der Pflanze, sollte wieder mehr Wasser gegeben werden. Die Bulben dürfen in der Ruhezeit ein wenig, aber nicht zu sehr schrumpfen. Von März bis September recht kräftig düngen, während der Ruhepause gar nicht.
Die Gattungen brauchen eine ausgeprägte Ruhezeit: Nach dem Abschluss des Neutriebes sollten sie trockener und kühler gehalten werden, um ein Durchtreiben zu vermeiden. Cattleyen und ihre Verwandten mögen es sehr hell, sonst bilden sich keine Blüten.

**Visitenkarte**

**Blütezeit**
Herbst

**Heimat**
Guatemala

**Kultur**
Temperiert

**Pflege**
Anspruchslos

# Cattleya forbesii

**Visitenkarte**

**Blütezeit**
Sommer

**Heimat**
Brasilien

**Kultur**
Temperiert

**Pflege**
Anspruchslos

Diese Art ist nach dem Orchideensammler Forbes benannt und besitzt schlanke, zylindrische Pseudobulben, welche bis zu 30 cm lang werden und zwei lederartige Blätter tragen. Der aufrechte Schaft trägt 1 bis 6 Blüten von etwa 10 cm Durchmesser. Sie sind wachsartig, langlebig und duftend. Dieser mittelgroße, zweiblättrige Epiphyt ist seit 1821 bekannt. Das Verbreitungsgebiet ist auf Brasilien, und dort auf Rio de Janeiro, Sao Paulo, Parana und Santa Catarine beschränkt.
Der Standort sollte hell sein. Gegossen wird mäßig, im Winter deutlich weniger. Die Ruhezeit ist mäßig bis stark im Frühjahr und Sommer, fast gar nicht, wenn kein Triebwachstum vorliegt.
Von März bis September recht kräftig düngen, während der Ruhepause gar nicht.
Die Gattungen brauchen eine ausgeprägte Ruhezeit: Nach dem Abschluss des Neutriebes sollten sie trockener und kühler gehalten werden, um ein Durchtreiben zu vermeiden. Cattleyen und ihre Verwandten mögen es sehr hell, sonst bilden sich keine Blüten.
Temperatur: Im Sommer: 29–17° C, im Winter: 21–12° C.

# Cattleya-Hybriden

Diese Gattung, die aus ca. 40 Naturarten und einigen Varietäten besteht, gilt als der Inbegriff einer Orchidee. Sie gehören wegen ihrer schönen, farbenprächtigen und großen Blüten schon seit langer Zeit zu den gefragtesten und beliebtesten Orchideen. Auch für den Schnittblumengärtner sind sie eine der wichtigsten Orchideen und in fast jedem Blumengeschäft zu finden. Sie wurden nach dem englischen Orchideensammler William Cattley benannt, der im 19. Jahrhundert lebte. Alle Arten dieser Gattung leben epiphytisch (auf Bäumen) in den Urwäldern Mittel- und Südamerikas. Sie haben kräftige Wurzeln und recht große, dunkelgrüne und dickledrige Blätter. Aufgrund der Blattanzahl unterscheidet man einblättrige und zweiblättrige Arten, wobei die einblättrige Gruppe relativ wenige, aber dafür große Blüten besitzt, die zweiblättrige dafür viele und etwas kleinere Blüten. An der Basis der Blätter wächst am Ende der Vegetationsperiode eine flache grüne Blütenscheide. Darin entwickelt sich dann der Blütenstand und wächst langsam aus ihr hervor.

**Visitenkarte**

**Blütezeit**
Jänner–März

**Heimat**
Mittel- und Südamerika

**Kultur**
Warm/Temperiert

**Pflege**
Anspruchslos

Cattleyen, vor allem die zweiblättrigen Arten, lassen sich relativ leicht pflegen, wenn man die Vegetations- und Ruhezeiten berücksichtigt.
Die Gattungen lieben warm-temperierte Bedingungen: Im Sommer: 29–17° C, im Winter: 21–12° C.
In der Vegetationsphase sollte kräftig, in der Ruhezeit sehr sparsam (alle 2–4 Wochen) gegossen werden. Zeigen sich Knospen an der Pflanze, sollte wieder mehr Wasser gegeben werden. Die Bulben dürfen in der Ruhezeit ein wenig, aber nicht zu sehr schrumpfen. Von März bis September muss recht kräftig gedüngt werden, während der Ruhepause gar nicht.
Die Gattungen brauchen eine ausgeprägte Ruhezeit: Nach dem Abschluss des Neutriebes sollten sie trockener und kühler gehalten werden, um ein Durchtreiben

zu vermeiden. Cattleyen und ihre Verwandten mögen es sehr hell, sonst bilden sich keine Blüten. Nur im Hochsommer vertragen sie keine direkte Mittagssonne. An der Färbung der Blätter kann man gut erkennen, wie diese Orchideen mit Licht versorgt sind: Eine helle gelbgrüne Blattfärbung (eventuell mit rotem Anteil) deutet auf zu viel Licht hin. Kommen schwarze, scharf begrenzte, trockene Flecken dazu, hat die Pflanze einen Sonnenbrand. In diesem Fall muss gerade mittags für mehr Schatten gesorgt werden. Dunkelgrün hingegen deutet auf zu wenig Licht hin. Cattleya-Blätter, welche die richtige Lichtmenge bekommen, haben eine Blattfärbung, die zwischen diesen beiden Färbungen liegt. Umtopfen sollte man im frühen Frühjahr bis in den frühen Sommer (bei Triebbeginn). Dabei sollten die Pflanzen nicht zu tief getopft werden; der Neutrieb muss sich frei ent-

falten können, da er sonst fault. Ein besonders lockeres Substrat ist empfehlenswert. Die Pflanzgefäße sollten dabei so gewählt werden, dass möglichst nicht häufiger als alle 3 Jahre verpflanzt werden muss.
Man unterscheidet, wie oben erwähnt, zwischen ein- und zweiblättrigen Cattleyen. Nur die zweiblättrigen kommen für die Fensterbank in Frage. Ihre eher kleinen Blüten blühen auch länger. Bei zu trockener Luft kann ein vorsichtiges Öffnen der Blütenscheide notwendig werden. Kleinwüchsige Arten lassen sich übrigens auch auf Baumfarnstücken pflegen.

# Cattleya intermedia

*Cattleya intermedia* variiert in der Pflanzenhöhe, in der Blattbreite und insbesondere in der Blütenfarbe relativ stark. Es gibt mehr als 40 Farbvariationen und viele Kultursorten, welche häufig kaum voneinander zu unterscheiden sind. Die Pflanzen brauchen einen hellen Standort. Nur im Hochsommer vertragen sie keine direkte Mittagssonne. An der Färbung der Blätter kann man gut erkennen, wie diese Orchideen mit Licht versorgt sind: Eine helle gelbgrüne Blattfärbung (evt. mit rotem Anteil) deutet auf zu viel Licht hin. Kommen schwarze, scharf begrenzte, trockene Flecken dazu, hat die Pflanze einen Sonnenbrand. In diesem Fall muss gerade mittags für mehr Schatten gesorgt werden. Ein Dunkelgrün hingegen deutet auf zu wenig Licht hin. Mäßig gießen, im Winter deutlich weniger. Ruhezeit: mäßig bis stark im Frühjahr und Sommer, fast gar nicht, wenn kein Triebwachstum vorliegt.
Das Aussehen ist ähnlich dem von *Cattleya forbesii* und *Cattleya loddigesii* und liegt etwa in der Mitte (= *intermedia*) zwischen ihnen. Die Blüten der drei Arten unterscheiden sich aber in der Färbung sehr.

**Visitenkarte**

**Blütezeit**
Frühjahr

**Heimat**
Südbrasilien

**Kultur**
Temperiert

**Pflege**
Anspruchslos

# Cattleya maxima

**Visitenkarte**

**Blütezeit**
Oktober–Januar

**Heimat**
Peru, Ecuador, Kolumbien

**Kultur**
Warm/Temperiert

**Pflege**
Anspruchslos

Diese Art hält im Sommer zeitweise 35° C aus, im Winter sollte ein Minimum von 14° C nicht unterschritten werden. *Cattleya maxima* blüht regelmäßig ohne ausgeprägte Ruhezeit. Sie legt zwischen Triebabschluss und Blüte zwar eine Pause ein, kann aber in dieser Zeit ganz normal weitergepflegt werden. Der Standort sollte sehr hell mit direkter Vor- oder Nachmittagssonne und Schatten am Mittag sein. Der Frischluftbedarf ist sehr hoch, da sich sonst Blattflecken (Pilze) einstellen. Während des Wachstums muss kräftig und regelmäßig gegossen werden, aber ohne Staunässe. Bei niedrigeren Temperaturen sparsamer gießen, aber nie ganz austrocknen lassen!
Trotz ihrer Wüchsigkeit reagiert die Pflanze empfindlich auf konzentrierte Düngergaben. Deshalb sollte der Dünger immer nur mit halben Konzentration angewendet werden. Im Wachstum alle 2 Wochen düngen, das Substrat zwischen den Gaben immer mit salzarmem Wasser spülen.
Die Art sollte nicht zu eng bei anderen Pflanzen stehen, da sie sonst häufig Blattflecken bekommt. Sie ist auch für die Zimmerpflege geeignet, und da die Lippenzeichnung recht variabel ist, kann man durchaus auch mehrere Exemplare halten.

# Cattleya mossiae

Im Jahr 1836 führte George Green aus Liverpool diese Pflanze, die aus Venezuela stammt, in die Kultur ein. In der Sammlung von Mrs. Moss erblühte sie das erstemal und wurde von Sir Willam Hooker im »Botanical Magazine« beschrieben.
Sie sollte temperiert, hell und bei mäßiger Luftfeuchtigkeit gehalten werden. Im Frühjahr und Sommer muss mäßig bis stark gedüngt werden, wenn kein Triebwachstum vorliegt, fast gar nicht. Gegossen wird mäßig, im Winter deutlich weniger. Wird die Pflanze ausgesät, können die Nachkommen sehr variabel in der Blüte sein. *Cattleya mossiae* ist eng mit *Cattleya labiata* verwandt, es sind zahlreiche Varietäten und Unterarten bekannt, die sich hauptsächlich durch die Blütenfarbe auszeichnen.

**Visitenkarte**

**Blütezeit**
Juni–August

**Heimat**
Nördliches Küstengebirge Venezuelas

**Kultur**
Temperiert

**Pflege**
Anspruchslos

# Cattleya schilleriana

## Visitenkarte

**Blütezeit**
Februar-Juli

**Heimat**
Brasilien

**Kultur**
Warm

**Pflege**
Mäßig anspruchsvoll

Diese kleine Cattleya-Art weist erstaunlich große Blüten auf (bis zu 10 cm weit), die würzig duften. Sie ist auch unter den Synonymen *Epidendrum schillerianum, Cattleya aclandiae var. schilleriana* und *Cattleya regnelii* bekannt. Die Pflanze liebt warm-temperierte Bedingungen, kann aber auch temperiert gehalten werden. Sie braucht einen sehr hellen Standort mit direkter Vor- oder Nachmittagssonne sowie Schatten am Mittag. Die Luftfeuchtigkeit sollte möglichst hoch sein. Man sollte darauf achten, dass auch während des Wachstums Staunässe vermieden wird. Das Substrat darf zwischen den Wassergaben durchaus abtrocknen, allerdings nicht über längere Zeit austrocknen.
Gedüngt wird während des Wachstums mäßig (mit maximal halber Konzentration). Das Substrat sollte luftig sein, damit überschüssiges Wasser leichter ablaufen kann. Diese Art sollte nicht zu oft umgetopft werden, daher sollte man auch auf das richtige Gefäß achten.
Die Pflanze hat ihre Ruhezeit nach der Blüte. In dieser Zeit sollte weniger gegossen und nicht gedüngt werden.
Die Kulturform ist aufgebunden oder im Topf, aber auch sehr gut in einem Körbchen möglich.
An ihrem Naturstandort genügt dieser Art von Dezember bis März hauptsächlich Tau als Feuchtigkeitsspender. Im Frühling, wenn es stark regnet, erfolgt die Blüte.

# Cattleya skinneri

Bei dieser Art handelt es sich um die Nationalpflanze Costa Ricas, also ein extrem wichtiges Symbol für dieses Land. *Cattleya skinneri* wurde im Jahr 1939 zur Nationalblüte erklärt und war damit das erste Nationalsymbol neben den obligatorischen (Fahne, Hymne, Staatswappen). Fast alle Sammlungen enthalten diese Art, es gibt sogar Orchideenliebhaber, die gar keine andere Orchidee kultivieren. Die Verliebtheit der Costaricaner zu der Art und die hohen Preise haben leider dazu geführt, das *Cattleya skinneri* in Costa Rica in der freien Natur fast nicht mehr vorkommt und zu den bedrohtesten Arten zählt.
Den größten Teil der Pflanzen findet man zwischen 1000 und 1400 m in eher heißeren Zonen. Sie wachsen aber auch in tieferen Regionen. Die Pflanzen blühen von Januar bis April mit einem Höhepunkt im März, es können auch Blüten im Dezember oder Mai erscheinen.
Die Blätter sind fleischig dicklich und werden 9–22 cm lang. Die einzelnen Blüten haben einen Durchmesser von 6,5–11 cm, eine intensive violette Farbe mit einem weißen Fleck in der Lippe sowie einem leicht süßlichen Geruch.
Die Pflanzen vertragen keine pralle Sonne, können aber durchaus etwas sonnig stehen. Die Temperaturen am Standort liegen zwischen 16° C (nachts) und über 30° C (tags). Es gibt eine ausgeprägte Trockenzeit, die für die Entwicklung von reichlichen Blüten wichtig ist. Die Pflanze kann aufgebunden oder in Töpfen kultiviert werden.

## Visitenkarte

**Blütezeit**
Frühjahr

**Heimat**
Mexiko, Guatemala

**Kultur**
Temperiert

**Pflege**
Anspruchslos

# Chiloschista usneoides

**Visitenkarte**

**Blütezeit**
Sommer

**Heimat**
Thailand

**Kultur**
Warm/Temperiert

**Pflege**
Anspruchsvoll

Chiloschista stammt aus Thailand und liebt einen warm-temperierten Temperaturbereich. Die Art wächst am Naturstandort häufig im unteren Bereich von Baumstämmen. Sie hat einen kompakten Wuchs und wird bis 15 cm hoch.
Die Art braucht einen hellen Standort ohne direkte Sonne, hohe Luftfeuchtigkeit und viel Frischluft. Während des aktiven Wurzelwachstums sollte man täglich sehr nass sprühen und im Laufe des Tages wieder abtrocknen lassen. Im Winter etwas kühler und trockener halten – also nur eine leichte Ruhezeit.
Außerhalb des Wachstums ist kein Dünger nötig, sonst eher sparsam düngen.
Die Pflanzen bilden nur kleine Blätter, die dann auch schnell wieder abfallen. Die Wurzeln übernehmen die Photosynthese. Üblicherweise hängen die Pflänzchen blattlos da und blühen auch ohne Blätter. Hauptblütezeit ist der Sommer.
Die Art kann sehr gut in einer Vitrine gehalten werden, da sie nicht sehr groß wird, sie ist allerdings schwierig zu halten.

# Cochleanthes discolor

Zur Gattung Cochleanthes zählen ca. 15 Arten. *C. discolor* zeichnet sich durch große, fleischige, duftende Blüten aus und besitzt bis zu 25 cm lange Blätter, die fächerartig angeordnet sind. Die bis zu 8 cm langen Blüten befinden sich auf ziemlich kurzen Stielen und sind weißlich bis grünlich mit einem leichten Hauch von Violett. Die kräftige Lippe ist innen purpurn und unten gelblich.
Die Pflanze liebt einen mäßig hellen bis schattigen Platz und viel Luftbewegung bei relativ hoher Luftfeuchtigkeit. Wichtig ist eine relativ gleichbleibende Feuchtigkeit ohne Staunässe. Alle 7 Tage sollte ausreichend gegossen oder getaucht werden. Es empfiehlt sich, von Mai bis September bei jedem zweiten Gießen zu düngen. Gepflanzt wird idealerweise in Epiphytensubstrat, das mäßig grob sein sollte. Bei richtiger Haltung treten dann im Mai/Juni eine größere Anzahl von Blüten auf.
Vorteilhaft ist ein Freiluftaufenthalt, sobald die Temperatur in der Nacht nicht mehr unter 0° C sinkt. Das Laub von *C. discolor* ist sehr anfällig für Pilz- und Bakterienbefall. Daher ist eine gute Luftbewegung auch sehr wichtig! Werden die Fächer nicht ausgebildet, sind praktisch immer Pilze schuld, die zuerst ein Blatt schädigen und nach und nach die ganze restliche Pflanze vernichten.
Als Kulturform eignen sich Aufbinden oder Topf, wobei bei der Topfkultur eine Moosabdeckung günstig ist. Das Wachstum bei dieser Art setzt im Frühjahr ein. Am Naturstandort wächst diese Art auf moosbedeckten Ästen, ihre Heimat ist Kuba, Panama, Costa Rica und Honduras.

**Visitenkarte**

**Blütezeit**
Mai/Juni

**Heimat**
Costa Rica, Panama, Kuba

**Kultur**
Warm/Temperiert

**Pflege**
Anspruchslos

# Coelogyne cristata

## Visitenkarte

**Blütezeit**
Winter

**Heimat**
Himalaja

**Kultur**
Kühl

**Pflege**
Mäßig anspruchsvoll

Diese Art ist schon seit Jahrzehnten eine sehr populäre Liebhaber-Orchidee, ist jedoch nicht ganz unproblematisch. Sie braucht im Sommer und Herbst relativ niedere Temperaturen. Für beheizte Zimmer ist diese Orchidee überhaupt nicht geeignet.

Die Gattung Coelogyne verträgt von Oktober bis Anfang März auch direktes Sonnenlicht. Zu viel direktes Sonnenlicht dagegen verfärbt die Blätter rötlich gelb. Coelogynen reagieren auf ein Umtopfen sehr empfindlich, deshalb sollte nur umgetopft werden, wenn dies unbedingt notwendig ist. Der beste Zeitpunkt ist dann, wenn das Wurzelwachstum beginnt. Am Boden des Topfes sollte eine Drainageschicht aus Kies oder Blähton für ein schnelles Ablaufen des überschüssigen Wassers sorgen. Aufgrund ihres kriechenden Wuchses sollte man breite Töpfe für die Unterbringung wählen. Die Triebe wachsen schnell über den Topfrand hinaus, deshalb ist es günstig, wenn man Coelogyne-Arten in einem Korb aufhängen kann.

Wenn die Bulben nach der Ruhezeit zu stark geschrumpft sind, kann die Pflanze über Nacht in einen Eimer Wasser getaucht werden.

# Coelogyne pandurata

Der Name dieser ca. 240 Arten umfassenden Gattung setzt sich aus dem griechischen »koilos« = hohl und »gyne« = Narbe zusammen und bezieht sich auf die ausgehöhlte Narbe. Der Schwerpunkt liegt an den Südhängen des Himalaja, doch ist die Gattung sehr weit verbreitet. Daher sind auch die Ansprüche an die Temperaturen sehr unterschiedlich und reichen von kühl bis warm.
*C. pandurata* ist eine epiphytisch wachsende Orchidee, die vor allem in Sumatra, Borneo, und den Philippinen vorkommt. Sie liebt ganzjährig warme Temperaturen, die tags bis 30° C und in der Nacht um die 22° C betragen sollten. Diese Orchidee liebt einen sehr hellen Platz mit direkter Vor- oder Nachmittagssonne sowie Schatten am Mittag. Die Luftfeuchtigkeit sollte zwischen 50–90% liegen. *C. pandurata* sollte das ganze Jahr über feucht gehalten werden, wobei das Substrat abtrocknen, aber nie ganz austrocknen darf. Der geeignete Zeitpunkt für das Umpflanzen ist bei den warm zu haltenden Arten nur kurz.
An ihrem Naturstandort wachsen die Pflanzen auf Bäumen entlang von Flüssen.
Besonderheiten: Die Blüten haben einen sehr angenehmen Geruch!

**Visitenkarte**

**Blütezeit**
Ganzjährig

**Heimat**
Sumatra, Borneo, Philippinen

**Kultur**
Warm

**Pflege**
Mäßig anspruchsvoll

# Coelogyne speciosa

**Visitenkarte**

**Blütezeit**
Januar–April

**Heimat**
Sumatra

**Kultur**
Kühl/Temperiert

**Pflege**
Anspruchslos

Der Name dieser aus Sumatra stammenden Pflanze kommt von *speciosa* (= schön, ansehnlich). Diese Art wurde 1825 als *Chelonanthera speciosa* beschrieben, bereits 1830 überführte Lindley sie in die Gattung Coelogyne.
Sie liebt einen temperierten, schattigen bis halbschattigen Standort und kann vorsichtig an mehr Licht gewöhnt werden. Bezüglich Luftfeuchtigkeit ist sie nicht besonders anspruchsvoll. Im Frühjahr und Sommer sollte mäßig bis stark gedüngt werden, im Winter fast gar nicht. Während des Wachstums muss *Coelogyne speciosa* feucht aber ohne Staunässe gehalten werden, im Winter trockener.
Besonderheiten: Es handelt sich um eine klein bis mittelgroß wachsende Coelogyne, die schon als kleine Pflanze aus dem neuen Trieb blüht.

# Comparettia speciosa

Diese Art erreicht maximal eine Höhe von ca. 20 cm. Im Sommer sind Temperaturen bis 25° C ideal, Nachttemperaturen um 15° C. Im Winter tagsüber 18–20° C und nachts kann die Temperatur bis 12° C absinken.
Die Pflanze braucht eine hohe Luftfeuchtigkeit (70–90%) und viel Frischluft, da sie sonst leicht fault. Bei sehr warmem Wetter darf die Luftfeuchtigkeit etwas absinken. Die Wasserzufuhr ist bei dieser Art etwas heikel: Dauernässe oder ein völliges Austrocknen ist sehr schädlich für die Pflanze. Die Wassergaben müssen also kontinuierlich und an die Temperaturen angepasst erfolgen: tägliches Übersprühen ist wichtig. Der Wasserbedarf ist recht hoch, ein Tauchen der Pflanze im Sommer während der Wachstumsphase ist daher zu empfehlen. Jedoch sollte die Pflanze danach auch die Gelegenheit haben, wieder abzutrocknen.
Sehr sparsam düngen, da die Wurzeln salzempfindlich sind. Die Bulben sind sehr klein, daher dienen auch die Blätter als Speicherorgane. Wenn man die Pflanze zu trocken hält, schrumpfen die Blätter und Blattverlust ist die Folge.

**Visitenkarte**

**Blütezeit**
Herbst

**Heimat**
Ekuador

**Kultur**
Temperiert

**Pflege**
Anspruchslos

# Cymbidium devonianum

**Visitenkarte**

**Blütezeit**
April–Juli

**Heimat**
Himalajagebiet

**Kultur**
Kühl/Temperiert

**Pflege**
Mäßig anspruchsvoll

Die Heimat dieser nach dem Herzog von Devonshire (ein englischer Orchideenliebhaber im 19. Jahrhundert) benannten Art ist in Nepal, Nordost-Indien, Bhutan und Nord-Thailand. Dort wächst sie in Höhenlagen von 1450–2200 m. Diese Orchidee wurde durch einen Sammler des Herzogs in den Khasia-Bergen gefunden. Die Beschreibung erfolgte 1843, nachdem eine Pflanze beim Duke of Devonshire zur Blüte gekommen war.

*C. devonianum* besitzt kleine Pseudobulben, ca. 20–30 cm lange Blätter und einen Blütenstand, der eine Länge von 30 cm erreichen kann. Die Blüten haben einen Durchmesser von ca. 3 cm und bestehen aus olivgrün bis hellbraunen, violett gepunkteten Sepalen und Petalen sowie einer hell- bis dunkelvioletten, eiförmigen Lippe.

Die Pflanze liebt gemäßigte Temperaturen und einen schattigen bis halbschattigen Platz, wobei sie vorsichtig an mehr Licht gewöhnt werden kann. Möchte man besonders schöne Blätter, muss die Luftfeuchtigkeit etwas erhöht werden. Wenn die Luft zu trocken ist, können die Blätter braune Spitzen bekommen.

Gedüngt wird mäßig bis stark im Frühjahr und Sommer, fast gar nicht im Winter. Während des Wachstums muss die Pflanze feucht, aber ohne Staunässe gehalten werden, im Winter trockener.

# Cymbidium-Hybriden

Der Name kommt vom griechischen »kymbos« (= Boot), da die Lippe kahnartig gewölbt ist. Diese in Kultur sehr bekannte Gattung umfasst ca. 50 Arten, die sowohl terrestrisch als auch epiphytisch vorkommen. Die Blütentrauben sind leicht gebogen, manchmal auch hängend. Es gibt über tausend künstliche Hybriden, sodass der Orchideenliebhaber unter einer Vielzahl an Blütenfarben wählen kann. Die sehr schönen, großen Blütenrispen halten auch dann noch relativ lange, wenn sie abgeschnitten werden.

Die Gruppe muss möglichst wechselwarm kultiviert werden. Im Sommer und Herbst brauchen die Pflanzen eine möglichst große Absenkung der Temperatur in der Nacht, damit sie im Herbst oder Winter zur Blüte kommen: Im Sommer: 30–15° C, im Winter: Tags 15–18° C, nachts 10–15° C. Besonders nachdem sich die ersten Knospen zeigen, darf die Orchidee nicht zu warm stehen, große Temperaturschwankungen sind dann ebenfalls unerwünscht, sonst besteht die Gefahr, dass die Knospen abfallen.

Die Luftfeuchtigkeit sollte zwischen 60 und 80% liegen. Bei zu niedriger Luftfeuchtigkeit treten rasch Spinnmilben auf. Die Gattung benötigt viel Frischluft und verträgt im Sommer ein morgendliches Übersprühen. Während des Wachstums sollte kräftig gegossen werden, im Winter müssen die Wassergaben den Temperaturen angepasst werden. Jedoch darf die Pflanze auch im Winter nie ganz austrocknen. Cymbidien brauchen recht viel Dünger, deshalb

**Visitenkarte**

**Blütezeit**
Frühjahr

**Heimat**
Indien, China u.a.

**Kultur**
Temperiert

**Pflege**
Anspruchslos

sollte man während des Wachstums alle 14 Tage mit der für Orchideen üblichen Konzentration düngen. Große, kräftige Pflanzen vertragen sogar etwas Blaukorn, das im Frühling auf das Substrat gestreut wird. Manchmal wachsen die Pflanzen auch im Winter langsam weiter. Dann sollte auch zu dieser Jahreszeit leicht gedüngt werden.
Die Gruppe macht keine Ruhepause im herkömmlichen Sinne durch. Neue Triebe wachsen oft zusammen mit den Blüten. Wichtig ist jedoch die schon erwähnte nächtliche Temperaturabsenkung um ca. 8–12° C für die Blütenbildung. Die Art ist sehr lichthungrig, verträgt aber wie die meisten Orchideen im Sommer keine direkte Sonne.
Cymbidien brauchen einen relativ großen Topf, damit die Wurzeln ausreichend Platz haben. Auch brauchen sie eine gute Drainage, damit die Wurzeln nicht in dauernder Nässe stehen. Umzutopfen braucht man erst, wenn die Neutriebe über den Topfrand hinauswachsen oder der Topf bereits aufplatzt. Dann reicht es meist, das alte Substrat ein wenig zu entfernen, die Pflanze in einen neuen Topf zu setzen und mit neuem Substrat aufzufüllen. Beim Umtopfen können unbelaubte Bulben entfernt und sehr große Pflanzen geteilt werden. Muss ein sehr großer Topf verwendet werden, empfiehlt sich eine Drainage aus Blähton am Boden des Topfes.

# Dendrobium amethytoglossum

Der Name stammt aus dem Griechischen und setzt sich aus »dendron« (Baum) und »bios« (Leben) zusammen, meint also »auf Bäumen lebend«. Früher zählte diese Gattung zu den artenreichsten, heute gehören »nur« noch ca. 240 Arten dazu.

Diese von den Philippinen stammende Art wächst lithophytisch auf Kalkfelsen in Höhen bis 1500 m. Ihre Blüten duften sehr angenehm, allerdings hat sie einen sehr hohen Platzbedarf (mehr als 40 cm Höhe).

Im Sommer werden Temperaturen auch über 30° C ausgehalten, im Winter braucht sie eine kühle Periode, um zur Blüte zu kommen. Hauptblütezeit ist der Winter. Sobald die Bulben im Herbst ausgereift sind, sollte die Art kühler kultiviert werden. Bis die Blüten erscheinen, sollten die Wassergaben reduziert werden.

Die Pflanze liebt einen hellen Standort ohne direkte Sonne. Gegossen wird während des Wachstums immer dann, wenn die Pflanze anfängt auszutrocknen. Nur während des Wachstums alle 3 Wochen mit üblicher Konzentration düngen. Die Pflanze kann aufgebunden oder im Topf kultiviert werden.

## Visitenkarte

**Blütezeit**
November–März

**Heimat**
Philippinen

**Kultur**
Temperiert

**Pflege**
Anspruchslos

# Dendrobium crystallinum

**Visitenkarte**

**Blütezeit**
Frühjahr

**Heimat**
China

**Kultur**
Temperiert

**Pflege**
Mäßig anspruchsvoll

Es handelt sich um eine mittelgroße Hänge-Orchidee, die an ihrem Naturstandort bei temperierten Bedingungen in Bergwäldern wächst. Ihre dünnen Stiele werden bis zu 60 cm lang. Die seitlichen Blütenstände an den blattlosen Stielen sind kurz mit ein bis drei Blüten. Die Blüten sind sehr wohlriechend und erscheinen im Frühjahr. Ideal sind temperierte Bedingungen, im Winter sollte nur sehr sparsam gegossen werden.
Zur riesigen Gattung Dendrobium zählen ca. 1500 bekannten Arten, ihre Heimat ist das Gebiet zwischen Indien und Australien, wo sie epiphytisch auf anderen Pflanzen wachsen. Sie bilden so genannte Luftwurzeln, mit denen sie sich auf den Wirtspflanzen festhalten und Nährstoffe aus der Luft aufnehmen.
Dendrobium braucht eine Luftfeuchtigkeit von mindestens 50%, daher muss sie regelmäßig mit sehr weichem Wasser eingesprüht werden. Das Substrat sollte nicht zu feucht sein, weil Dendrobium ausschließlich Luftwurzeln ausbildet, die ein luftiges Umfeld benötigen und bei zu hoher Feuchtigkeit zu faulen beginnen. Viele Orchideenliebhaber gießen ihre Orchideen nicht, sondern besprühen sie und das Substrat täglich mit weichem Wasser.
Die ideale Temperatur liegt tagsüber zwischen 20 und 25° C, die Nachttemperaturen sollten 10° C nicht unterschreiten. Überwintert wird die Pflanze kühl, idealer Weise knapp über der Frostgrenze. Der Ort kann sehr dunkel sein, da die Pflanze am Ende der Vegetationsperiode ohnehin die Blätter abwirft. Im Winter darf diese Orchidee praktisch nicht gegossen werden, da die Fäulnisgefahr sehr groß ist. Ist die Temperatur zu hoch, werden in der kommenden Vegetationsperiode oft keine Blüten gebildet. Die Blütezeit kann man künstlich verlängern, wenn man die Pflanzen kühler stellt, sobald sich die ersten Blüten öffnen. Die Temperatur sollte aber nicht kälter unter 15° C sinken.
Während der Wachstumsphase sollte einmal pro Woche gedüngt werden, wobei spezieller Orchideendünger zu bevorzugen ist. Im Winter wird seltener (ca. 1x pro Monat) gedüngt, bei kalter Überwinterung gar nicht! Wie alle epiphytischen Orchideenarten benötigt auch Dendrobium ein ganz spezielles Substrat und darf niemals in normaler Blumenerde ausgepflanzt werden! Ein geeignetes Substrat kann man selbst aus Rindenstücken, Holzkohle, Styroporflocken und Bast mischen.

# Dendrobium cuthbertsonii

Diese Art stammt aus Papua-Neuguinea und muss kühl gehalten werden. Alle Blütenblätter sind einheitlich gefärbt: Die Farbpalette reicht von Cremefarben über Gelb, Orange, Rot bis Violett. Nur die Lippenspitze ist bei jeder Farbe dunkelbraun radial gestreift.

Die Pflanze darf auch im Sommer nicht zu warm stehen. Das macht ihre Kultur nicht leicht. Auch im Sommer sollte das Thermometer nur kurzzeitig Werte über 25° C anzeigen. Ideal sind im Sommer Temperaturen bis 20° C. Bei einer Kultur auf einer Tonröhre darf diese auch kurze Zeit etwas austrocknen, da ansonsten Probleme mit zu starker Nässe eintreten. Bei einer Kultur im Topf sollte die Pflanze nie austrocknen. Auf das Umtopfen reagieren die Pflanzen sehr empfindlich: Wenn, dann sollte (nur wenn nötig) im späten Winter (Februar/Anfang März) umgesetzt werden.

Sehr zu empfehlen ist eine Kultur auf einer Tonröhre (aufgebunden mit etwas feinem Substrat), welche mit ein wenig Wasser gefüllt wird (maximal bis zur Hälfte des Bewuchses an der Außenseite). Achtung: Die Pflanze ist schwer zu halten!

**Visitenkarte**

**Blütezeit**
Ganzjährig

**Heimat**
Neuguinea

**Kultur**
Kühl

**Pflege**
Anspruchsvoll

# Dendrobium densiflorum

Für dieses Dendrobium aus den Monsungebieten gilt, dass die Wachstumszeit erst spät im Sommer beginnt und dann sehr rasch fortschreitet. Die Pflanze braucht dann viel Luftfeuchtigkeit und Wärme bei einem halbschattigem Standort. Die Pflanze hat einen sehr hohen Platzbedarf (mehr als 40 cm Höhe).
Der Triebabschluss findet im September statt und ab nun werden die Temperaturen und auch die Wassergaben verringert. Ab Oktober die Temperaturen weiter zurücknehmen. Überwintern möglichst sonnig und kühl bis 12° C und darunter bei hoher Luftfeuchtigkeit, ansonsten aber trocken. Im März schwellen dann die Knospen an und die Orchidee braucht langsam mehr Wärme und Feuchtigkeit.
Der Standort sollte sehr hell mit direkter Vor- oder Nachmittagssonne sowie Schatten am Mittag sein. Während des Wachstums wird gründlich gegossen und alle 14 Tage gedüngt, ab September kalibetont nachdüngen, während der Ruhezeit nicht. Im Topf eignet sich grobe Rinde als Substrat. Die Pflanze sollte erst ab August/September in den Garten gehängt werden. Dabei liebt sie volle Sonne.
Die Pflege ist auch an einem Fenster möglich (ideal: westseitig). Die Bulben verlieren nach 3–5 Jahren die Blätter. Die Blüte erfolgt meist am vorjährigen Trieb, oft auch an älteren Bulben, auch wenn diese keine Blätter mehr hat. Gehalten wird diese Art aufgebunden oder im Topf. Sie lässt sich gut aufhängen, wenn sie in einem Topf gepflegt wird.

**Visitenkarte**

**Blütezeit**
Frühling/Sommer

**Heimat**
Himalaja, Burma, Thailand

**Kultur**
Temperiert

**Pflege**
Mäßig anspruchsvoll

# Dendrobium devonianum

**Visitenkarte**

**Blütezeit**
Frühling–Sommer

**Heimat**
Burma, Nordthailand, Südwestchina

**Kultur**
Temperiert

**Pflege**
Mäßig anspruchsvoll

Es handelt sich bei dieser Art um eine laubabwerfende Orchidee, deren Charakteristikum dünne, stabförmige Pseudobulben sind. Diese werden bis zu 40 cm lang. Nachdem sie herangereift sind, sprießen aus ihren Knoten 1–2 große Blüten. Diese sind überaus attraktiv: Die Lippen sind herzförmig und haben einen gekräuselten Rand. An der Oberseite jeder Lippe befinden sich zwei gelb-orange Flecken. Die Säume der Lippen sind bei den typischen Vertretern dieser Art rosa-purpurn gefärbt und verleihen der Pflanze ein beinahe unvergleichliches Aussehen. Die Blüten selbst sind ca. 4–6 cm breit.
Der schlanke, lange und hängende Spross wirft seine Laubblätter vor der Blüte ab. Die Pflanze ist mittelgroß und kommt auch noch in Nordostindien vor. Sie blüht im Frühjahr und liebt ganzjährig temperierte Bedingungen.

# Dendrobium fimbriatum

Die Blüten dieser Art haben einen Durchmesser von ca. 7 cm und eine leuchtende orangegelbe Farbe. Das Verbreitungsgebiet ist der Himalaja, Birma bis Vietnam und Malaiische Halbinsel.
Nach dem Wachstum ist eine kurze Trockenzeit bei kühlen Temperaturen nötig, damit sich die leuchtend gelben Blüten bilden. Wenn die Blüten deutlich zu erkennen sind, darf wieder vorsichtig gegossen werden. Der ideale Standort ist hell, ohne direkte Sonne. Die Wassergaben sind den Temperaturen anzupassen, das Substrat sollte etwas feucht, aber nicht nass sein. Während des Wachstums darf alle 3 Wochen gedüngt werden.
Besonderheiten: Die Pseudobulben dieser Art können bis zu 2 m lang werden. Achtung: Die Pflanze hat einen sehr hohen Platzbedarf (über 40 cm Höhe).
Die lanzettförmigen, spitzen, dunkelgrünen Blätter werden 10–15 cm lang und halten ca. 2 Jahre. Die Pflanzen werden wechselwarm kultiviert. Das heißt, dass sie im Sommer recht hohe Temperaturen vertragen und im Winter sehr kalt gehalten werden müssen.

**Visitenkarte**

**Blütezeit**
Frühjahr

**Heimat**
Himalaja

**Kultur**
Temperiert

**Pflege**
Mäßig anspruchsvoll

# Dendrobium harveyanum

**Visitenkarte**

**Blütezeit**
April–Juni

**Heimat**
Burma, Thailand, Vietnam

**Kultur**
Temperiert

**Pflege**
Mäßig anspruchsvoll

Diese Orchidee ist ein wahres Prunkstück, denn es gibt kaum eine Art, die über schönere Blüten verfügt. Die gelben Blattränder und die Lippe sind prächtig gesäumt, zudem befindet sich am Schlund der Lippe ein wunderschöner, tiefgelber Fleck. Leider sind die Blüten nicht sehr langlebig. Die Pseudobulben sind teils laubabwerfend und werden 30 cm lang. Die Blüten selbst duften nach Wachs.
Diese Pflanze hat einen hohen Platzbedarf, da sie 20–30 cm hoch wird. Der Standort sollte hell mit direkter Vor- und Nachmittagssonne sowie Schatten am Mittag sein.
Die Temperatur darf im Winter nie unter 15° C und im Sommer nicht ständig über 25° C liegen. Wichtig ist eine hohe Luftfeuchtigkeit!
Während des Wachstums darf die Pflanze nie austrocknen, Staunässe muss aber ebenso vermieden werden. Sind die Bulben ausgewachsen, sollte das Gießen stark reduziert werden. In dieser Zeit darf die Pflanze kurzfristig sogar ganz austrocknen.
Gedüngt wird nur während des aktiven Wachstums alle 2–3 Wochen mit normaler Konzentration. Wichtig ist auch, dass das Substart luftdurchlässig ist und immer genug Frischluft zur Verfügung steht (sonst besteht die Gefahr des Pilzbefalls).
Die Kulturform ist aufgebunden oder im Topf.

# Dendrobium-Hybriden

Der Name stammt aus dem Griechischen und setzt sich aus »dendron« (Baum) und »bios« (Leben) zusammen, meint also »auf Bäumen lebend«. Früher zählte diese Gattung zu den artenreichsten, heute gehören »nur« noch ca. 240 Arten dazu.

Die Pflanzen wollen wechselwarm kultiviert werden. Das heißt, dass sie im Sommer recht hohe Temperaturen vertragen und im Winter sehr kalt gehalten werden müssen: Im Sommer: 28–15° C, im Winter: 13–5° C. Die Temperatur sollte vor allem im Winter des Nachts um 5° C gesenkt werden. Im Wachstum sollte kräftig gewässert werden, jedoch darf keine Staunässe entstehen. In der Ruhepause darf fast gar nicht gegossen werden. Während des Wachstums kräftig düngen (bei jedem 3. Gießen), im Winter gar nicht. Ohne eine ausgeprägte Ruhezeit ist keine Blütenbildung möglich. Diese dauert von Ende Oktober bis zum Blütenansatz im Januar. Die Temperaturen müssen in dieser Zeit bei 5–10° C liegen. Gegossen werden darf nur alle 3–4 Wochen einmal leicht. Nachdem sich an der Pflanze Blüten zeigen, kann man die Umgebungstemperatur wieder deutlich anheben.

**Visitenkarte**

**Blütezeit**
Ganzjährig

**Heimat**
Asien/Australien

**Kultur**
Nach Art verschieden

**Pflege**
Anspruchslos

# Dendrobium jenkinsii

Es handelt sich um eine kleine Orchidee, die vor allem wegen ihrer winzigen Pseudobulben und der großen orange-gelben Blüten sehr beliebt ist. Da sie nicht einfach zu pflegen ist, ist sie unter Orchideenfreunden auch wenig verbreitet.
Die Temperatur sollte im Sommer warm und im Winter kalt sein, der ideale Standort ist sehr hell. Während des Wachstums braucht die Pflanze eine hohe Luftfeuchtigkeit, tägliches Gießen und wöchentliches Tauchen. Ab Herbst sollten die Wassergaben reduziert werden. In der Ruhezeit, die Anfang Oktober beginnt, liebt die Pflanze kühle Temperaturen und einen hellen Standort. Ab Februar werden die Temperaturen langsam erhöht und auch das Gießen gesteigert.
Achtung: diese Orchidee ist sehr fäulnisanfällig, daher sollte man beim Gießen immer besonders vorsichtig sein und auf rasches Abtrocknen achten.
Sind die Bulben ausgewachsen, kann man die Pflanze in den Garten stellen und langsam an mehr Sonne gewöhnen.
Die Pflanze ist nicht leicht zum Blühen zu bringen. Das Wachstum beginnt im späten Frühjahr, die Kulturform ist aufgebunden.
An ihrem Naturstandort wächst diese Orchidee unter anderem entlang von Flüssen auf den Stämmen und dickeren Ästen der Bäume am Ufer. Sie ist dabei großen Temperaturschwankungen (zwischen 5 und 35° C) ausgesetzt. Man sollte sich bei der Anschaffung gut beraten lassen und versuchen, die natürlichen Bedingungen auch in unseren Breiten möglichst nachzustellen.

## Visitenkarte

**Blütezeit**
März–April

**Heimat**
Burma, Thailand, Laos

**Kultur**
Warm/Temperiert

**Pflege**
Anspruchsvoll

# Dendrobium kingianum

## Visitenkarte

**Blütezeit**
Frühjahr

**Heimat**
Australien

**Kultur**
Kühl/Temperiert

**Pflege**
Anspruchslos

Diese Art gibt es in verschiedenen Farben, sie ist auch für Anfänger leicht zu halten. Die Pflanzen werden mit zunehmendem Alter recht groß und gehen in die Breite. Man kann sie dann teilen. Außerdem bilden sich recht viele Kindel, mit denen man die Art problemlos vermehren kann. *Dendrobium kingianum* ist ein eher kleinbleibendes Dendrobium, das jedoch sehr leicht wächst.
Die Idealtemperatur beträgt nachts 12–15° C, tags je nach Witterung 18–25° C. Nach dem Abschluss des Wachstums im Herbst etwas trockener und kühler halten: Das Gießen ist nach Triebabschluss einzustellen. Es sollte nur leicht gesprüht werden, damit die zarten Bulben nicht ganz schrumpfen. Nach dieser 6-wöchigen Trockenkur erfolgt dann die Blüte. Diese Orchidee liebt einen schattigen Standort, wobei auch ein helles Nordfenster möglich ist.
Während des Wachstums kräftig gießen, aber Staunässe vermeiden! Auch auf das Düngen während des Wachstums darf nicht vergessen werden.
Vor allem bei Problemen mit der Blütenbildung, empfiehlt sich ein Aufenthalt im Freien. Der Standort sollte jedoch hell und geschützt sein. Diese Art kann selbst bei Temperaturen zwischen 0 und 10° C im November noch draußen bleiben, auch Nebel und Tau sind willkommen. Gehalten wird sie aufgebunden oder im Topf.

# Dendrobium lindleyi

Auch diese Orchidee ist nur Fortgeschrittenen zu empfehlen, da sie relativ schwer zum Blühen zu bringen ist. Auffallend sind jedoch die wunderschönen gelb gefärbten Blüten, die allerdings nicht sehr langlebig sind.
Die ideale Temperatur sollte im Sommer warm und im Winter kalt sein. Ab Herbst muss das Gießen reduziert werden, wobei die Ruhezeit Anfang Oktober beginnt. Nun braucht die Pflanze einen kühlen und hellen Standort. Ab Februar muss die Temperatur wieder erhöht werden. Zeigen sich erste Blütenansätze, muss auch das Gießen langsam wieder gesteigert werden.
Das Wachstum beginnt im späten Frühjahr und verläuft sehr schnell. Nun braucht die Pflanze eine hohe Luftfeuchtigkeit, tägliches Gießen und wöchentliches Tauchen.
Sind die Bulben ausgewachsen, kann man *D. lindleyi* ins Freie stellen und langsam an mehr Sonne gewöhnen. Die Kulturform ist aufgebunden.
An ihrem Naturstandort wächst diese Orchidee unter anderem entlang von Flüssen auf den Stämmen und dickeren Ästen der Bäume am Ufer. Sie ist dabei großen Temperaturschwankungen (zwischen 5° C und 35° C) ausgesetzt. Man sollte sich bei der Anschaffung gut beraten lassen und versuchen, die natürlichen Bedingungen auch in unseren Breiten möglichst nachzuahmen. Wichtig sind viel Helligkeit in der kühlen Jahreszeit und wenig Feuchtigkeit. Die Pflanzen werden am Naturstandort eigentlich nur von der Luftfeuchtigkeit über den Flüssen mit ganz wenig Wasser versorgt.

**Visitenkarte**

**Blütezeit**
Frühling

**Heimat**
Südchina

**Kultur**
Warm/Temperiert

**Pflege**
Anspruchsvoll

# Dendrobium linguiforme

**Visitenkarte**

**Blütezeit**
Frühsommer

**Heimat**
Australien

**Kultur**
Warm

**Pflege**
Mäßig anspruchsvoll

Dendrobium ist eine umfangreiche Gattung, die etwa 1200 vorwiegend tropische Arten umfasst. Die Gattung wurde im Jahre 1799 vom schwedischen Professor der Botanik, Olof Swartz, aufgestellt. Der Name leitet sich vom Griechischen *dendron* = Baum und *bios* = Leben her.

*D. linguiforme* ist vor allem wegen ihres sehr ungewöhnlichen Aussehens beliebt. Charakteristisch an dieser kleinen Orchidee ist das kriechend-verzweigte Rhizom mit den dicken, seitlich gefurchten Blättern. Der Artname kommt daher, dass sie sehr an eine Zunge erinnern. Blüten sind in europäischen Kulturen sehr selten, sie haben einen Durchmesser von ca. 2 cm und sind weiß oder cremegelb. Die Haltung dieser Orchidee erfordert sehr viel Geduld, der züchterische Erfolg ist schwer vorhersehbar.

Dendrobien leben überwiegend epiphytisch, vor allem auf Bäumen. Sie haben sich an viele Lebensräume angepasst. Die Vertreter der Gattung Dendrobium haben einen sympodialen Wuchs, wobei sich die keulen-, spindel- oder rohrartigen Pseudobulben in ihrer Größe sehr stark unterscheiden. Die kleinsten Vertreter der Gattung weisen Triebe von nur wenigen Zentimetern auf, während die Triebe der großen Arten mehr als 100 cm lang werden können.

Dendrobien werden vielfach als Zierpflanzen kultiviert. Oft werden Dendrobien auch in der chinesischen Volksmedizin eingesetzt, z. B. zur Stärkung der Darmwege oder gegen hohes Fieber.

Zur riesigen Gattung Dendrobium zählen ca. 1500 bekannte Arten, ihre Heimat ist das Gebiet zwischen Indien und Australien, wo sie epiphytisch auf anderen Pflanzen wachsen. Sie bilden so genannte Luftwurzeln, mit denen sie sich auf den Wirtspflanzen festhalten und Nährstoffe aus der Luft aufnehmen.

Dendrobium braucht eine Luftfeuchtigkeit von mindestens 50%, daher muss sie regelmäßig mit sehr weichem Wasser eingesprüht werden. Das Substrat sollte nicht zu feucht sein, weil Dendrobium ausschließlich Luftwurzeln ausbildet, die ein luftiges Umfeld benötigen und bei zu hoher Feuchtigkeit zu faulen beginnen. Viele Orchideenliebhaber gießen ihre Orchideen nicht, sondern besprühen sie und das Substrat täglich mit weichem Wasser.

# Dendrobium moschatum

Es handelt sich um eine immergrüne, epiphytische Orchidee mit zylindrischen Pseudobulben. Die Blätter sind lanzettlich und bis 15 cm lang. Im Frühling erscheinen blassgelbe Blüten, 8 cm breit, mit rosa Tönung und 2 kastanienbraunen Flecken auf den becherförmigen Lippen in bis 20 cm langen Trauben an oberen Knoten. Der aufrechte bis geneigte Spross wird bis zu 100 cm hoch. An ihrem Naturstandort wächst *D. moschatum* unbeschattet in praller Sonne. Achtung: Bei zu warmer Überwinterung können statt den Blüten Seitensprosse erscheinen!

Zur Gattung Dendrobium zählen ca. 1500 laubabwerfende, halbimmergrüne oder immergrüne, epiphytische oder terrestrische Orchideenarten. Sie haben verlängerte, sprossartige und manchmal auch verzweigte Pseudobulben. Die Blätter sind lineal, lanzettlich oder eiförmig, entweder am Ende des Sprosses oder zweizeilig. Die zumeist sehr attraktiven Blüten stehen einzeln oder in mehrblütigen Trauben oder Rispen, die vor allem im Frühling an den Sprossknoten erscheinen. Dendrobien kommen von Indien und Südostasien bis Neuguinea, Australien und den Pazifischen Inseln vor, zumeist in Regenwäldern niedriger Lagen bis zu Bergwäldern über 2000 m.

## Visitenkarte

**Blütezeit**
April/Mai

**Heimat**
Burma, Thailand

**Kultur**
Kühl/Temperiert

**Pflege**
Mäßig anspruchsvoll

# Dendrobium nobile

**Visitenkarte**

**Blütezeit**
Spätwinter/
Frühjahr

**Heimat**
Himalaja

**Kultur**
Kühl/Temperiert

**Pflege**
Anspruchslos

Diese in Kultur weit verbreitete und als vornehm (= *nobile*) bezeichnete Art ist sehr variabel bezüglich Abmessungen und Blütenfarbe. Die Pflanzen wollen wechselwarm kultiviert werden. Das heißt, dass sie im Sommer recht hohe Temperaturen vertragen und im Winter sehr kalt gehalten werden müssen: Im Sommer: 28–15° C; im Winter: 13–5° C. Die Temperatur sollte vor allem im Winter in der Nacht um 5° C gesenkt werden.
Im Wachstum sollte kräftig gewässert werden, jedoch darf keine Staunässe entstehen. In der Ruhepause darf fast gar nicht gegossen werden. Während des Wachstums bei jedem 3. Gießen düngen, im Winter gar nicht. Ohne eine ausgeprägte Ruhezeit ist keine Blütenbildung möglich. Diese dauert von Ende Oktober bis zum Blütenansatz im Januar. Die Temperaturen müssen in dieser Zeit bei 5–10° C liegen. Gegossen werden darf nur alle 3–4 Wochen einmal leicht. Nachdem sich an der Pflanze Blüten zeigen, kann man die Umgebungstemperatur wieder deutlich anheben. Auch die Wassergaben sollten dann leicht gesteigert werden. Zeigt sich der neue Jahrestrieb, braucht die Pflanze auch wieder Dünger.

# Dendrobium parishii

Die ca. 6 cm großen Blüten dieser Art duften sehr stark, die Hauptblütezeit ist Frühling bis Sommer. Diese Orchidee hat einen sehr großen Platzbedarf, da sie ca. 30–40 cm hoch werden kann.
Bald nach Beendigung des Wachstums sollten die Wassergaben reduziert werden, im Laufe der Ruhezeit ist das Gießen dann ganz einzustellen. Anschließend wirft die Pflanze ihre Blätter ab. In dieser Zeit sollte sie sehr hell und bei hoher Luftfeuchtigkeit stehen. Während die Blüten erscheinen, beginnt die Art oft schon wieder mit ihrem Wachstum. Mit Beginn des Wachstums sollten die Wassergaben gesteigert werden, im Sommer, wenn der Pflanzstoff abgetrocknet ist, wässert man dann regelmäßig und stark. Gedüngt wird während des Wachstums alle 2–3 Wochen mit normaler Konzentration, sonst gar nicht. Der verwendete Topf oder Korb sollte eine gute Drainage besitzen.
*Dendrobium parishii* braucht einen hellen Standort ohne direkte Sonne.

## Visitenkarte

**Blütezeit**
Mai/Juni

**Heimat**
China, Thailand, Vietnam

**Kultur**
Kühl/Temperiert

**Pflege**
Anspruchsvoll

# Dendrobium phalaenopsis (bigibbum)

**Visitenkarte**

**Blütezeit**
Meist Frühjahr

**Heimat**
Neuguinea

**Kultur**
Warm

**Pflege**
Anspruchslos

Diese Art ist wirtschaftlich sehr wichtig, weil sie sich wegen der schönen und haltbaren Blüten ausgezeichnet als Schnittblume eignet.

Der ideale Standort ist sehr hell mit direkter Vor- oder Nachmittagssonne und Schatten am Mittag. Die Pflanze braucht sehr viel Frischluft. Durch zu viel Gießen entstehen schnell faule oder nicht mehr wachsende Wurzeln und auch die Bulben neigen zur Fäule. Die Pflanze liebt trotzdem reichliche Ballenfeuchtigkeit ohne stauende Nässe. Im Gegensatz zu Hybriden ist die Naturform etwas heikler, da die Wurzeln sehr lufthungrig sind. Also sehr lockeres Substrat mit viel Styropor und guter Drainage verwenden.

Die Naturform und auch die Hybriden sind recht anfällig gegen Spinnmilben. Bei geeigneten Bedingungen besser aufbinden. Die Pflanzen vertragen während der Nacht kein Spritzwasser auf den Neutrieben. Alte Triebe können, wenn sie älter als 2 Jahre sind, die Blätter verlieren. Wenn Neutriebe sehr klein sind, ist immer Vorsicht mit Sprühen geboten: Man gießt dann auf der gegenüberliegenden Seite, damit der Neutrieb am Grund nicht fault.

# Dendrobium polysema

Diese Orchidee wächst im Regenwald Papua-Neuguineas zwischen Meereshöhe und 500 m, meist an Bächen und Flüssen im Landesinneren. Der Name *polysema* bedeutet mit vielen Punkten versehen. Die attraktiven Blüten sind sehr langlebig.
Diese Dendrobium-Art liebt einen halbschattigen bis hellen Standort mit leichter Luftfeuchtigkeit. Die Temperatur sollte temperiert bis warm sein.
Während des Wachstums muss die Pflanze feucht, aber ohne Staunässe gehalten werden, im Winter etwas trockener. Sie sollte aber nicht für längere Zeit ganz austrocknen.
Gedüngt wird während des Wachstums regelmäßig, im Herbst und Winter weniger.
*D. polysema* hat relativ große Blüten, die nach Triebabschluss mehrere Monate blühen. Auch alte Bulben können 2–3-mal wieder blühen. Die Pflanze ist nicht unbedingt für den Einsteiger geeignet und braucht relativ viel Pflege.

## Visitenkarte

**Blütezeit**
Ganzjährig

**Heimat**
Papua-Neuguinea

**Kultur**
Warm/Temperiert

**Pflege**
Mäßig anspruchsvoll

# Dendrobium sanderae

**Visitenkarte**

**Blütezeit**
Herbst

**Heimat**
Philippinen

**Kultur**
Warm

**Pflege**
Mäßig anspruchsvoll

Da diese Art, die auf den Philippinen beheimatet ist, ziemlich groß wird, ist sie für Liebhabersammlungen eher nicht geeignet. Sie zählt zu den immergrünen Vertreterinnen ihrer Gattung und besitzt große Blüten, die zwischen den intensiv grünen Blättern an den Spitzen der Pseudobulben erscheinen. Die Blüten messen bis zu 9 cm und sind mit einer breiten, zweilappigen Lippe mit roter Zeichnung geschmückt. Sie öffnen sich im Herbst, und zwar im November und Dezember.
Wenn man die Pflanze, die nicht sehr anspruchsvoll ist, trotz ihrer stattlichen Größe halten möchte, muss man das ziemlich feucht und warm, ohne ausgeprägte Ruhephase tun.

# Dendrobium thyrsiflorum

Diese Art wächst in ihrer ursprünglichen Umgebung auf Bäumen, die zu einer bestimmten Jahreszeit die Blätter verlieren. Sie ist in Höhen bis zu 1200 m zu finden. Die Blüten werden ca. 4 cm groß, Hauptblütezeit ist Frühling bis Sommer.
Das Wachstum beginnt normalerweise im Sommer sehr spät und schreitet sehr rasch voran. Während des Wachstums sollte die Pflanze sehr warm, im Winter jedoch kühl gehalten werden. Erst mit dem Anschwellen der Knospen im März muss man langsam wieder mehr Wärme geben. Ab Oktober, wenn die Ruhezeit einsetzt, werden die Temperaturen und die Wassergaben reduziert. Überwintert wird sie möglichst sonnig und kühl (bis 12° C) und trocken.
Diese Orchidee braucht einen sehr hellen Standort mit direkter Vor- oder Nachmittagssonne sowie Schatten am Mittag. Sie braucht sehr viel Luftfeuchtigkeit.
Während des Wachstums, das erst im späten Sommer beginnt, muss kräftig gegossen werden, das Wasser sollte aber schnell wieder ablaufen können. Es wird nun auch kräftig gedüngt, im September – nach Triebabschluss – kalibetont, in der Ruhezeit gar nicht.
Diese Art bevorzugt, wie viele andere Vertreter der Gattung auch, eher kleine Töpfe.

**Visitenkarte**

**Blütezeit**
Frühsommer

**Heimat**
Sumatra

**Kultur**
Temperiert

**Pflege**
Mäßig anspruchsvoll

# Dendrobium unicum

*Dendrobium unicum* wird oft auch als *Dendrobium arachnites* angeboten. So hieß die Pflanze nämlich, bevor Seidenfaden sie im Jahre 1970 schließlich als *Dendrobium unicum* beschrieb. Sie wächst in Höhen von 800–1500 m Höhe auf Felsen und in den Baumkronen immergrüner Wälder, hat einen kompakten Wuchs (bis 15 cm Höhe) und blüht von Frühling bis Sommer.
In der Wachstumszeit liebt die Pflanze Temperaturen zwischen 20–25° C. In der Ruhezeit können die Temperaturen bis auf 12° C absinken.
Wichtig ist die Einhaltung einer möglichst trockenen Ruhezeit im Winter: Ab September müssen die Wassergaben reduziert und die Pflanze noch weiterhin besprüht werden. Während der Ruhezeit im Winter sollte nur dann ein wenig gegossen werden, wenn die Bulben zu sehr schrumpfen. Je trockener man sie hält, desto eher verlieren sie ihre Blätter.
Die Pflanze braucht einen sehr hellen Standort mit direkter Vor- oder Nachmittagssonne sowie Schatten am Mittag. Bezüglich Luftfeuchtigkeit hat sie keine besonderen Ansprüche.
Während des Wachstums muss regelmäßig gegossen werden, das Substrat oder die Borke darf während des Wachstums aber antrocknen. Achtung: Die jungen Triebe sind empfindlich gegen Staunässe. Gedüngt wird nur während des Wachstums alle 3 Wochen mit halber Konzentration. Bei einer Kultur in Substrat sollte dieses luftig und wasserdurchlässig sein.
Aufgebunden auf Kork ohne weitere Unterlage wächst die Orchidee im Wohnzimmer an einem West- oder Südwestfenster. Ideal ist eine Zusatzbelichtung durch Leuchtstoffröhren. Gesprüht wird jeden Morgen mit gefiltertem Regenwasser, an heißen Tagen auch nachmittags tropfnass. Die Luftfeuchtigkeit ist ansonsten eher niedrig. Diese Orchidee hat keine ausgeprägte Ruhezeit, die Temperaturen können auch im Winter hoch sein.
Oft verlieren die Pflanzen ihre Blätter vor der Blüte. Der Neutrieb erscheint meist schon zeitig im Frühjahr und bildet sich an den vorjährigen Blüten.

**Visitenkarte**

**Blütezeit**
März–Mai

**Heimat**
Thailand, Laos, Vietnam

**Kultur**
Temperiert

**Pflege**
Anspruchsvoll

# Dendrobium williamsonii

## Visitenkarte

**Blütezeit**
Frühling

**Heimat**
Burma, Thailand, Vietnam

**Kultur**
Temperiert

**Pflege**
Anspruchslos

Die Gattung Dendrobium umfasst ca. 1600 immergrüne oder laubabwerfende Arten, die oft sehr verschieden aussehen können. Die Stängel können dünn bis überwiegend fleischig sein, die Blätter mit oder ohne Scheiden und auch die Blüten kurz- oder langblütig. Sehr unterschiedlich sind auch die Ansprüche der Dendrobien.

*D. williamsonii* ist eine laubabwerfende Orchidee, die im Frühling blüht und an ihrem Naturstandort in mittleren Höhenlagen wächst. Der obere Teil der Pseudobulben, die bis zu 30 cm lang werden, ist belaubt. Wenn sie nach der Reife ihre Blätter verloren haben, bilden sich 1–2 Blüten, die ca. 4,5 cm weit und cremeweiß und gelb sind. Auffallend ist die gefranste Lippe, die einen orangeroten Fleck hat. Im Winter muss die Pflanze viel gegossen und gedüngt werden und braucht viel Licht und Frischluft. An ihrem Naturstandort wächst sie vor allem in Burma, Thailand und Vietnam. Sie ist anspruchslos und daher auch für Einsteiger in die Orchideenzucht geeignet.

# Dendrochilum weriselii

Zur Gattung Dendrochilum gehören ca. 120 bis 150 Arten. Es handelt sich um eine immergrüne, epiphytische Orchideenart. Dendrochilum wächst vor allem auf Bäumen und Felsen in Flussnähe, wobei die Höhe von 700 bis 2000 m reicht.
Dendrochilum bildet eiförmige bis zylindrische Pseudobulben mit 1 oder 2 lanzettlichen Blättern. Die Familie ist in Südostasien und Neuguinea beheimatet.
Die Orchideen dieser Gattung haben keine besonders ausgeprägten Blüten und wirken eher in der Gruppe. Freunde großblütiger Orchideen sollten diese Gattung also lieber meiden.
Trotzdem sind auch die Blüten dieser Art sehr attraktiv und auffallend: Sie sind nämlich ziegelrot, die unteren Teile gelblich grün. Insgesamt besitzt diese Pflanze ca. 40 Blüten, die von unten beginnend fast gleichzeitig aufblühen. Die Blütezeit ist zwischen Frühjahr und Herbst, ihr Hauptverbreitungsgebiet ist auf den Philippinen. Diese Orchidee ist recht anspruchslos und damit auch für den Anfänger zu empfehlen.

**Visitenkarte**

**Blütezeit**
Frühjahr–Herbst

**Heimat**
Philippinen

**Kultur**
Temperiert

**Pflege**
Anspruchslos

# Disa uniflora

**Visitenkarte**

**Blütezeit**
Juni–August

**Heimat**
Südafrika

**Kultur**
Temperiert

**Pflege**
Sehr anspruchsvoll

Die Gattung Disa ist recht groß und umfasst ca. 180–200 Arten. Dazu gehören z.B. *Disa atricapilla, Disa aurata, Disa bivalvata, Disa cardinalis, Disa caulescens, Disa grandiflora, Disa longicorn, Disa racemosa, Disa stolzii, Disa tripetaloides, Disa venosa.* Zu den bekanntesten Arten zählt aber *Disa uniflora.* Die Farbpalette der Blüten reicht von Rot über Rosa bis zu gelblichen Tönen. Disa wurde bereits im Jahre 1767 vom schwedischen Botaniker P.J. Bergius beschrieben, der Name leitet sich vom lateinischen *dives* = reich ab, was auf die Schönheit der Blüten zurückzuführen ist. Diese sind 6–10 cm breit und Gelborange bis Scharlachrot.

Die Kultur ist relativ schwierig, was sehr schade ist, da diese Pflanze, die im englischen »Pride of Table Mountain« heißt, eine der schönsten Erdorchideen der Welt ist. Ihre Heimat ist die westliche Kapregion, sie wächst dort an Bachufern und anderen feuchten Standorten zwischen 100 und 1200 m Meereshöhe. Die besonderen Kennzeichen der Art sind knollige Wurzeln, die einen bis 70 cm hohen, belaubten Stängel bilden. Dieser ist mit schmal-lanzettlichen, bis 25 cm langen Blättern besetzt und trägt einen endständigen Blütenstand, der aus einer (selten bis zu drei) Blüten besteht, die sehr langlebig sind und bis zu 10 cm groß werden können. Es handelt sich hierbei um die größten Blüten, die weltweit von Erdorchideen ausgebildet werden. Sie sind leuchtend rot gefärbt und werden in der südafrikanischen Heimat vom »Mountain Pride«-Schmetterling (*Meneris tulbaghia*) bestäubt. Die Samen sind für Orchideenverhältnisse sehr groß und werden wahrscheinlich durch fließendes Wasser verbreitet. *D. uniflora* kann sich aber auch vegetativ ausbreiten und bildet daher häufig größere Bestände.

Die Samen verlieren rasch an Keimkraft und müssen daher innerhalb von 3 Wochen nach der Ernte ausgesät werden. Ca. 6 Wochen nach der Aussaat kann man grüne Protokorme erkennen. Nun muss 2–3-mal monatlich gedüngt werden. Überwintert wird im temperierten Glashaus bei ca. 17° C, wobei nur durch Nachfüllen des aus der Untertasse aufgesaugten Wassers befeuchtet wird.

Ideale Temperatur: im Winter bei 18–22° C, nachts bis 15° C, die Art lässt sich aber auch kühltemperiert oder warmtemperiert pflegen. Der Standort sollte hell, aber ohne direkte Sonne sein. Gleichmäßig gießen, immer feucht, aber nie nass halten, außerhalb des Wachstums etwas trockener. Dünger nur im Wachstum und sehr verdünnt anwenden. Die Art sollte nur umgetopft werden, wenn es unbedingt nötig ist, da sie darauf mit einem Wachstumsstopp reagieren kann. Man sollte die Art nur aufbinden, wenn man einen sehr luftfeuchten Kulturraum bieten kann, sonst trocknet sie zu schnell aus.

# Encyclia alata

*E. alata* ist eine der traditionsreichsten Orchideen, man kennt sie schon seit 180 Jahren unter diesem Namen. Sie wird auch wegen ihrer attraktiven, duftenden Blüten sehr geschätzt. Dennoch wird sie wegen ihrer Größe eher selten kultiviert. Allein die Blätter erreichen Längen von 40 cm, der Blütenstiel wird sogar über 1 m lang. Er trägt 15–20 Blüten, die in ihrer Farbe sehr unterschiedlich sein können. Normalerweise sind sie gelb-grün mit einer weißen, rötlich geäderten Lippe. *E. alata* ist über Guatemala, Honduras, Nicaragua, Costa Rica und Südmexiko verbreitet und besiedelt an ihrem Naturstandort oft stark besonnte Bäume am Meeresstrand. Sie braucht daher auch in unseren Breiten sehr viel Licht.

Diese Art darf nur sehr sparsam gegossen werden, vor allem in der Ruhephase.

Als Substrat ist ein Standardsubstrat geeignet. Umpflanzen sollte man alle 2–3 Jahre, wobei die Töpfe nur so groß gewählt werden sollen, dass der Zuwachs der nächsten zwei Jahre Platz hat. Die Wurzeln können beim Einsetzen so weit zurückgeschnitten werden, dass sie in den Topf passen.

Die Gattung Encyclia ist sehr groß und umfasst ganz unterschiedliche Arten wie *Encyclia stamfordiana* oder *marmorata* mit gestreckten spindelförmigen Bulben, *Encyclia ciliare,* die im Aussehen einer Laelia gleicht, *Encyclia mariae* und *citrina* mit ihren großen, muschelförmigen Lippen, kleine zarte Arten wie *linkiana* oder Arten mit zwiebelförmigen Bulben und harten Blättern wie *alata* oder *selligera.*

Die Gattung ist vor allem im tropischen und subtropischen Amerika verbreitet. Die nördlichsten Arten wie *Encyclia cochleata* und *tampense* kommen bis Florida vor, die südliche Grenze bildet Brasilien.

Sehr viele Encyclias eignen sich als Zimmerpflanzen, vor allem die mittelamerikanischen Arten. Die Temperatur spielt eine untergeordnete Rolle, sollte aber nicht unter 13° C liegen. Im Sommer ist ein Aufenthalt im Freien empfehlenswert, wobei man auf die Lichtansprüche achten muss. Eine besondere Ruhezeit ist nicht unbedingt notwendig, schadet der Pflanze aber auch nicht. Wichtig ist eine kräftige Düngung!

Der Lichtbedarf lässt sich leicht an den Blättern ablesen. Je härter die Bulben und Blätter sind, umso mehr Licht brauchen die Arten.

**Visitenkarte**

**Blütezeit**
Mai–Oktober

**Heimat**
Mexiko, Nicaragua

**Kultur**
Temperiert

**Pflege**
Mäßig anspruchsvoll

# Encyclia citrina

## Visitenkarte

**Blütezeit**
März–Juni

**Heimat**
Mexiko

**Kultur**
Kühl/Temperiert

**Pflege**
Sehr anspruchsvoll

Diese aus Mexiko stammende Orchidee ist schwierig zu kultivieren und nur erfahrenen Orchideenzüchtern zu empfehlen. Die Bedingungen des Naturstandortes sind in Europa kaum herzustellen. Dabei ist diese Art sehr attraktiv: Der 10–20 cm lange, hängende Blütenschaft trägt 1–2 leuchtend zitronengelbe, 3–5 cm breite und 6–8 cm lange Blüten.

*E. citrina* liebt einen sehr hellen Standort mit direkter Vor- oder Nachmittagssonne sowie Schatten am Mittag. Es muss für viel Frischluftzufuhr gesorgt werden. Gegossen wird eher wenig, da die Pflanze sehr empfindlich gegen Staunässe ist. Am Morgen sollte einmal richtig getaucht werden, abendliches Befeuchten sollte aber nicht erfolgen, da die Fäulnisgefahr recht hoch ist. Wichtig ist eine starke Nachtabsenkung.

Die ideale Kulturform ist aufgebunden. Die Pflanze wird also meist kopfüber (also mit den Blättern nach unten) kultiviert und sollte nicht im Topf gehalten werden.

*E. citrina* ist nicht für die Fensterbank geeignet und muss unbedingt im Kalthaus gehalten werden.

An ihrem Naturstandort wächst diese Orchidee in den Bäumen teilweise an der prallen Sonne (zwischen 1300–2200 m). Die Pflanzen erfahren also eine deutliche Tageserwärmung mit darauf folgender starker Nachtabsenkung. Im Winter herrschen kühle und ziemlich trockene Bedingungen. Die Anschaffung dieser Art sollte man sich also wirklich gut überlegen!

# Encyclia cochleata

Diese Orchidee hat ihren Namen aufgrund der fast kreisrunden, muschelförmigen (= *cochleata*), nach außen gewölbten Lippe.
Die Gruppe sollte temperiert gehalten werden, ist aber recht anpassungsfähig: Im Sommer: 21–18° C, im Winter: 18–15° C (Angaben sind Mittelwerte). Die Luftfeuchtigkeit sollte 45–70% betragen. Die Arten kommen oft mit einer relativ niedrigen Luftfeuchtigkeit aus, da sie aus trockenen Gebieten stammen.
Die Gruppe ist anfällig gegen Fäulnis, muss also besonders vor Staunässe geschützt werden. Das Substrat darf zwischen den Wassergaben antrocknen. Ansonsten muss im Sommer kräftig und im Winter deutlich weniger gegossen werden. Zum Schutz vor Spinnmilben regelmäßig besprühen!
Während der Wachstumszeit bei jedem dritten Gießen düngen, im Winter nur dreimal insgesamt. Vor oder nach Abschluss der Blüte halten die Pflanzen eine Ruhepause. In dieser Zeit sollte weniger gegossen werden. Die Ruhezeit findet im Winter statt. Der Lichtbedarf ist niedriger als der ihrer Verwandten, den Cattleyen. Ein schattiger und dennoch nicht zu dunkler Platz wird bevorzugt. Trotzdem verträgt die Gattung auch direkte Morgen- und Abendsonne. Die Blütezeit ist von März bis September. Einige Arten und Hybriden sind Dauerblüher, da immer erst dann eine neue Blüte aufgeht, wenn eine alte verblüht ist.
Ist der Neutrieb ca. 5 cm groß, kann umgetopft werden. Es sollte ein sehr luftiges Substrat verwendet werden.
Besonderheiten: Die Gattung wird in Büchern und im Fachhandel manchmal noch mit ihrem alten Namen »Epidendrum« bezeichnet. Insgesamt ist die Kultur dieser Art problemlos. Bei einigen Arten dieser Gruppe stehen die Blüten auf dem Kopf, was zu einem exotischen Aussehen beiträgt.

## Visitenkarte

**Blütezeit**
März–September

**Heimat**
Mittel- und Südamerika

**Kultur**
Temperiert

**Pflege**
Anspruchslos

# Epidendrum parkinsonianum (falcatum)

**Visitenkarte**

**Blütezeit**
Sommer

**Heimat**
Zentral- und Mittelamerika

**Kultur**
Warm/Temperiert

**Pflege**
Anspruchslos

Diese Orchideen-Art ist vor allem wegen ihrer schneeweißen Blüten und der langen Blätterbüschel sehr beliebt und bereichert jede Sammlung. Aus den stark verkümmerten Pseudobulben wachsen bis zu 30 cm lange Blätter. Auf den Blütenstielen befinden sich maximal 3 große Blüten (Höhe ca. 12 cm), deren Lippe sich manchmal gelblich verfärbt. Die Hauptblütezeit ist im Sommer, die Orchidee kann aber auch ganzjährig blühen. Die idealen Temperaturen sind im Sommer (Tag/Nacht): 28–15° C und im Winter (Tag/Nacht): 23–10° C.
Die Pflanze liebt einen sehr hellen Standort mit direkter Vor- oder Nachmittagssonne sowie Schatten am Mittag. Bezüglich Luftfeuchtigkeit und Frischluft gibt es keine besonderen Ansprüche, sehr trockene Luft wird allerdings nicht vertragen.
Gegossen wird während des Wachstums regelmäßig und ausgiebig, jedoch sollte das Substrat zwischen den Wassergaben antrocknen.
Ab Herbst muss das Gießen reduziert werden, doch ist darauf zu achten, dass die Orchidee auch dann nicht längere Zeit völlig austrocknet.
Gedüngt wird während des Wachstums alle 2–3 Wochen mit halber Konzentration, außerhalb des Wachstums gar nicht.
Die Kulturform ist aufgebunden oder im Topf.
Achtung: Die Pflanze hat einen sehr hohen Platzbedarf (mehr als 40 cm Höhe)! Auch ist sie nach wie vor sehr schwierig zu bekommen.

# Hybriden – Mehrfachhybriden

Man spricht bei Pflanzen dann von einer Art, wenn sie sich fortpflanzen kann und keine Mischpopulationen mit anderen Arten bildet. Normalerweise haben sich im Laufe der stammesgeschichtlichen Entwicklung (Evolution) die Arten soweit voneinander isoliert, dass das unterschiedliche Erbgut Kreuzungen unmöglich macht.

Orchideen sind jedoch eine stammesgeschichtlich sehr junge Familie. Viele Arten, und in einigen Fällen auch Gattungen, stehen sich in ihrem Erbgut noch so nahe, dass natürliche oder künstliche Kreuzbestäubungen durchaus möglich sind. Das Ergebnis sind keimfähige Samen, die zu Hybriden oder Bastarden heranwachsen können. So sind die meisten Orchideen, die man in Gärtnereien kaufen kann, vom Menschen gezüchtete und vermehrte Hybriden. Die Gründe dafür sind vielfältig: Neugier, Experimentierfreude, aber auch sehr praktische Ziele wie besondere Farben, vollkommene Blüten, Blühfreudigkeit, Widerstandsfähigkeit oder rasches Wachstum.

In der Natur treten Hybriden, von wenigen Ausnahmen abgesehen, nur vereinzelt auf und sind selbst nicht fortpflanzungsfähig. Es gibt aber auch Hybridschwärme. Dabei handelt es sich nicht um vereinzelt auftretende Bastarde, sondern größere Hybridpopulationen. Führt ein solches »Experiment der Natur« zu einer fortpflanzungsfähigen Hybride, kann sich diese unter Umständen ausbreiten und eine neue Nische besetzen. Das wird von vielen Menschen als Beweis gesehen, dass sich die Familie der Orchideen derzeit noch in voller Evolution befindet.

Ob es sich dann wirklich um eine Art, eine Unterart oder gar »nur« eine lokale Varietät handelt, ist oft schwer zu sagen. In letzter Zeit ist ein eher großzügiger Umgang bei der Erhebung in den Status einer »Art« zu beobachten. Ob dies gerechtfertigt und hilfreich ist, sei dahingestellt, doch können letztlich nur umfangreiche Untersuchungen klären, ob es sich wirklich um eigene Arten handelt.

Manche Hybriden sind gut zu erkennen, weil sie sich kaum voneinander unterscheiden. Andere wiederum sind nur mit größten Schwierigkeiten eindeutig zu identifizieren. Oft erkennt man zwar einen Elternteil sehr gut, den anderen aber ganz schwer, weil mehrere, morphologisch ähnliche Arten in Frage kommen. Zu allem Überfluss ist Orchideensamen sehr leicht sind und kann mit dem Wind

*Unten: Brassocattleya*

Oben:
*Brassocattleya*

über weite Strecken transportiert werden. So kann es durchaus vorkommen, dass in der unmittelbaren Umgebung einer Hybride einer der Eltern gar nicht vorkommt. Andererseits darf man nicht darauf schließen, dass beide vermeintliche Eltern in der Nähe der Hybride wachsen. Es ist keineswegs ein sicherer Beweis für ihre Elternschaft.

Auch ist es nicht so, dass die Hybride in allen morphologischen Merkmalen genau zwischen den Eltern stehen muss. Im Gegenteil: das ist eher die Ausnahme. Je nach Verteilung des Erbgutes kann sie mal mehr dem einen, mal mehr dem anderen Elternteil gleichen. Auch ist nicht jede Pflanze, die von der Norm abweicht, gleich eine Hybride. Nur langjährige Erfahrung macht ein einigermaßen sicheres

*Oben: Laeliocattleya*

Bestimmen möglich. Und dass innerhalb einer Gattung fast jede Artkombination möglich ist, macht die Suche nach Orchideenhybriden auch so spannend.
Grundsätzlich unterscheidet man zwischen Art- und Gattungshybriden. Erstere, also Kreuzungen zwischen verschiedenen Arten ein und derselben Gattung, sind wesentlich häufiger als Kreuzungen von Arten aus verschiedenen Gattungen. Nicht auf jeder Orchideenwiese findet man gleich Hybriden, oft sucht man auch vergeblich. Aber wenn man sich Zeit nimmt und sehr genau schaut, kann man immer wieder außergewöhnliche und überraschende Funde machen.
Die Bewertung von Hybriden findet hauptsächlich auf Orchideen-Ausstellungen statt, wobei vor allem die Farbe, Form und die Haltung der Blüten bewertet werden. Hier eine kleine Auswahl aus den tausenden Art- und Gattungshybriden im In- und Ausland:

# Hybriden der Gruppe Brassavola-Cattleya-Laelia-Sophronitis

Es gibt innerhalb der Gruppe sowohl Art- wie auch Gattungskreuzungen. Zu den bekanntesten Hybriden gehören:
Brassocattleya = Brassavola x Cattleya
Laeliocattleya = Laelia x Cattleya
Brassolaeliocattleya = Brassavola x Laelia x Cattleya
Sophrolaelia = Sophronitis x Laelia x Cattleya
Potinara = Brassavola x Cattleya x Sophronitis

**BRASSOCATTLEYA**
Es handelt sich bei dieser Hybride um eine Kreuzung aus Cattleya und Brassavola, die beiden Elternarten stammen aus Zentralamerika. Diese Kreuzung ist relativ selten und hat einen sehr hohen Lichtbedarf! Die großen, weichen Blüten sind meist zart rosa, ca. 15 cm breit und haben einen intensiven, süßlichen Duft. Sie erscheinen meist paarweise im Frühling oder Herbst, sind aber leider nicht sehr lange haltbar.

**LAELIOCATTLEYA**

Laeliocattleya ist eine Kreuzung der beiden immergrünen Orchideengattungen Laelia und Cattleya. Da sich die beiden Gattungen genetisch sehr ähnlich sind, lassen sich besonders leicht Hybriden züchten. Die länglichen Pseudobulben tragen 1 ledriges Blatt, gelegentlich auch 2 Blätter. Die zweiblättrigen sind eher für die

*Oben und unten: Brassocattleya*

Oben und unten: *Brassocattleya*

Fensterbank geeignet. Die sehr attraktiven, leuchtenden und großen Blüten erscheinen in Trauben und überragen die Blätter. Die Pflege ist gleich wie bei Cattleya. Je kleiner die Kreuzungen sind, desto mehr Licht brauchen die Pflanzen.
Die erste Hybride dieser Gattung wurde übrigens bereits im Jahre 1863 in London gezüchtet.

**BRASSOLAELIOCATTLEYA**
Diese Hybride ist eine Kreuzung aus Brassavola, Laelia und Cattleya, die Eltern stammen aus Zentral- und Südamerika. Vom Äußeren her ist diese Kreuzung nicht von Cattleya zu unterscheiden und wird auch wie diese gepflegt. Sie brauchen also sehr viel Licht, sonst bilden sich keine Blüten. Eine helle, gelbgrüne

*Oben und unten: Laeliocattleya*

*Oben und unten: Laeliocattleya Nächste Seite oben und unten: Sophrolaelio-cattleya*

Blattfärbung weist auf zu viel Licht hin, dunkelgrüne Blätter zeigen an, dass die Pflanze zu wenig Licht bekommt.

Die kräftigen Pseudobulben sind keulenförmig und tragen 1 bis 2 längliche, ledrige Blätter. Die duftenden Blüten sind sehr lebhaft gefärbt und erscheinen an kurzen Blütenständen.

*Oben und unten: Sophrolaelio-cattleya*

*Oben: Epilaeliocattleya*
*Unten: Sophrolaelia*

*Oben, unten und rechts: Brasso-cattleya*

# Laelia

## Visitenkarte

**Blütezeit**
Winter

**Heimat**
Mexiko

**Kultur**
Temperiert

**Pflege**
Mäßig anspruchsvoll

*Rechts:*
Laelia-Hybride

Diese Gattung wurde vom englischen Botaniker J. Lindley begründet und benannt. Wonach genau, ist allerdings nicht bekannt. Es könnte sich um eine altrömische Patrizierfamilie Laelius, eine Priesterin Laelia vom Vesta-Tempel oder den römischen Konsul Gaius Laelius handeln.
Ähnlich wie bei der Gattung »Cattleya« werden die meisten »Laelia«-Arten unter temperierten Bedingungen gehalten. Eine Kultur auf der Fensterbank ist auch möglich, wenn die Luftfeuchtigkeit nicht zu gering ist. Während der Wachstumszeit ist ausreichend zu gießen und auch zu sprühen. Zur Blüteninduktion werden die Wassergaben reduziert, um ein Durchtreiben ohne Blütenbildung zu vermeiden. Viele Arten, besonders die aus Brasilien, benötigen volle Sonne, damit sich die Blüten bilden. Sonst reicht ein heller, leicht schattiger Platz. In der Blütezeit wird wieder normal gegossen. Nach der Blüte schließt sich die Ruhezeit an, in der nur selten (ca. alle 2 Wochen) etwas gegossen wird. Die Luftfeuchte soll nicht unter 60–70% fallen. »Laelia«-Arten können in Töpfen mit guter Drainage oder in Holzkörbchen gehalten werden. Wichtig ist, dass der Pflanzstoff, der zum größten Teil aus Osmunda, Sphagnum und Borke bestehen sollte, zwischen dem Gießen abtrocknen kann. Umgetopft wird zum Beginn der Wachstumszeit, jedoch nach Möglichkeit nur etwa alle 3 Jahre.
Der größte Feind der Gattung ist die Schildlaus. Die relativ dicken Blätter sind für diese Schädlinge kein Problem. Sie können sich problemlos zwischen den Hüllblättern der Bulben verstecken.

**Kleine Artenübersicht**
*Steinlaelia:* Alle diese Arten stammen aus Brasilien und sollten bei nicht zu geringer Luftfeuchtigkeit gehalten werden (mindestens 60–70%). Volle Sonne vor der Blüte, sonst hell stellen. Ruhezeit einhalten!
*Laelia flava:* Die Blüte ist rein gelb mit einem Durchmesser von 5–7 cm, zwischen 5–10 Blüten an der Spitze eines 30–60 cm langen Blütenstandes. Klima: temperiert bis kühl.
*Laelia crispata:* Die Farbe der Blüte verläuft von innen nach außen, von Weiß über Rosa/Pink bis dunkel Purpur mit einem Durchmesser von 4–5 cm, zwischen 3–5 Blüten oder mehr, an der Spitze eines 20–30 cm langen Blütenstandes. Klima: temperiert.
*Laelia crispilabia:* Die Blütenfarbe variiert von Weiß bis Rosa, Klima: kühl bis temperiert.
*Laelia reginae:* eine der kleinsten Arten. Blüte: von Pink bis Lavendel, Klima: kühl bis temperiert.
*Laelia lucasiana* Syn. *L. longipes:* die Blüten sind dunkel Pink mit einer gelb-orangen Lippe. Klima: kühl bis temperiert.
*Laelia itambana:* Die Blüte ist von rein gelber Farbe mit einem Durchmesser von 3,5–4 cm. Klima: temperiert bis kühl.

# Laelia anceps

*Laelia anceps* gibt es in unzähligen Variationen, sie blüht bei guten Bedingungen auch zwei Mal im Jahr. Die Kultur ist nur fortgeschrittenen Züchtern zu empfehlen.
*Laelia anceps* braucht, wie die meisten mexikanischen Orchideen, eine kühle, helle Ruhezeit zur Blüteninduktion bzw. eine deutliche Temperaturabsenkung während der Nacht. Sie überwintert bei 10° C Nachttemperatur (tags 15° C) und muss während dieser Zeit deutlich trockener gehalten werden.
Diese Art liebt einen sehr hellen Standort mit direkter Vor- oder Nachmittagssonne sowie Schatten am Mittag. Hohe Luftfeuchtigkeit am Morgen und gute Luftbewegung wirken sich positiv aus. Während des Sommers muss gründlich gegossen werden, wobei darauf zu achten ist, dass bei kühlen Nächten keine Feuchtigkeit mehr am Blütenansatz (und auch sonst nirgendwo an der Pflanze) vorhanden ist. Im Winter nur noch 1x wöchentlich (nur morgens oder vormittags) gießen, nach der Blüte noch seltener.
Gedüngt wird während des Wachstums regelmäßig, aber verdünnt.

**Visitenkarte**

**Blütezeit**
Dezember/Januar

**Heimat**
Mexiko

**Kultur**
Kühl/Temperiert

**Pflege**
Anspruchsvoll

# Laelia purpurata

**Visitenkarte**

**Blütezeit**
Mai–Oktober

**Heimat**
Brasilien

**Kultur**
Temperiert

**Pflege**
Mäßig anspruchsvoll

Bei *Laelia purpurata* handelt es sich um die Nationalblume Brasiliens. Sie ist relativ schwierig zu kultivieren und hat einen sehr hohen Platzbedarf (über 40 cm Höhe). Die Hauptblütezeit ist der Frühling. Diese Art braucht auch im Winter möglichst viel Licht, vor allem wenn sie dann noch im Wachstum ist. Nur im Sommer sollte um die Mittagszeit schattiert werden. Nicht selten wird die Pflanze bis zu 80 cm hoch und trägt mehrere, ca. 13 cm große cremeweiße Blüten mit einer samtartigen, purpurfarbenen Lippe. Besonders bekannt, beliebt und selten ist die Varietät *Laelia purpurata coerulea,* deren Blüten einen Blauschimmer haben. *L. purpurata* muss ähnlich gepflegt werden wie eine Cattleya. Erfahrung ist für eine erfolgreiche Kultur nötig, doch wächst diese Orchidee auch auf der Fensterbank.

Unklar ist noch, ob diese Art zur Blütenbildung eine Ruhepause braucht oder nicht. Bei Misserfolgen mit der Blütenbildung sollte man die jeweils andere Variante versuchen.

Die Kultur ist auch unter warm-temperierten Bedingungen möglich. Eine Absenkung der Temperatur während der Nacht fördert die Blütenbildung.

Eine richtige Ruhezeit findet nicht statt, außerhalb des Wachstums sollte aber nicht gedüngt werden.

Diese Orchidee liebt einen sehr hellen Standort mit direkter Vor- oder Nachmittagssonne sowie Schatten am Mittag. Die Luftfeuchtigkeit sollte zwischen 50 und 80% liegen, für ein gesundes Wachstum ist viel Frischluft notwendig. Beginnt das Substrat auszutrocknen, sollte immer kräftig gegossen werden. Diese Art liebt das ganze Jahr über gleichmäßige Feuchtigkeit, also nicht völlig trocken, aber auch keine Staunässe.

Während des Wachstums wird alle 3 Wochen mit halber Konzentration gedüngt. Zeigt die Pflanze im Winter Wachstum, sollte auch dann weiter gedüngt werden. Die Art kann von Ende Mai bis Anfang September im Freien gehalten werden. Geeignet ist eine geschützte Stelle, z.B. in einem lichten Baum.

*L. purpurata* beginnt erst im Herbst mit dem Wachstum, je nach Typ schon Ende August oder auch erst im November. Während der Wachstumszeit bekommen sie natürlich regelmäßig viel Wasser und Dünger. Da das Wachstum bis in den Winter anhält, brauchen sie dann so viel Licht wie möglich, d.h., sie stehen ab Mitte Oktober unschattiert.

Die Kulturform ist im Topf. Flache Tontöpfe oder Schalen sind zu bevorzugen.

# Leptotes bicolor

Diese Art hat ihren Namen aufgrund der zweifarbigen Blüten (= bicolor), die einen Durchmesser von ca. 4 cm haben und weiß mit kräftig rosavioletten Vorderlappen sind.
Sie stammen aus den Regenwäldern Brasiliens und Paraguays und lieben daher dementsprechend warm-temperierte Bedingungen.
Die Pflanzen lieben einen hellen Standort ohne direkte Sonne, brauchen viel Frischluft und eine hohe Luftfeuchtigkeit. Während des Wachstums muss möglichst viel gegossen werden, aber auch hier ist Staunässe unbedingt zu vermeiden. Das Gießwasser sollte zudem möglichst salzarm sein. Alle 3 Wochen wird mit einem Viertel der üblichen Konzentration gedüngt, wenn die Pflanze im Wachstum ist. Da die Wurzeln sehr salzempfindlich sind, sollte zwischendurch immer mit klarem Wasser gespült werden.
Die Kulturform ist aufgebunden oder in einem kleinen Topf mit groben Substrat. Nach dem Ausreifen der Triebe sollte man *L. bicolor* kühler und trockener halten, bis sich Knospen bilden. In dieser Zeit darf nicht gedüngt werden, auch sind längere Trockenzeiten zu vermeiden.
Diese Art ist auch für eine Kultur auf der Fensterbank geeignet und braucht relativ wenig Platz (bis 15 cm Höhe). Die Größe der Blüte beträgt ca. 6 cm, die Blüten duften angenehm süßlich.
An ihrem Naturstandort leben diese Regewaldbewohner epiphytisch in Höhen von 500 bis 900 m.
Synonyme: *L. glaucophylla, L. serrulata, Tetramicra bicolor, Bletia bicolor.*

**Visitenkarte**

**Blütezeit**
Januar–April

**Heimat**
Brasilien, Paraguay

**Kultur**
Temperiert/Warm

**Pflege**
Mäßig anspruchsvoll

# Ludisia discolor

**Visitenkarte**

**Blütezeit**
Herbst bis Frühling

**Heimat**
Südostasien, China

**Kultur**
Temperiert

**Pflege**
Anspruchslos

Zur Gattung Ludisia gehört nur eine einzige Art, deren Blätter allerdings sehr unterschiedlich gefärbt sind. Sie wurde im Jahre 1818 in erstmals beschrieben, im Jahre 1825 wurde dann der Gattungsname Ludisia aufgestellt. Der Name stammt aus dem Lateinischen und bedeutet soviel wie »Tänzer oder Komödiant«. Der Namenszusatz *discolor* bezieht sich auf die zweifarbig gefärbten Blätter.
Da es in der Folge eine Vielzahl von Beschreibungen dieser Art gab, existieren heute ca. 30 Synonyme.
*L. discolor* ist in Mitteleuropa eine seltene Zimmerpflanze, die einmal jährlich blüht. Der ideale Standort ist ein heller, aber nicht sonniger Platz. Die Blütezeit ist meistens in den Wintermonaten. Da die Orchidee ursprünglich in tropisch feuchten Gebieten wächst, sollte die Zimmertemperatur etwa zwischen 18 und 24° C betragen und die Luftfeuchtigkeit nicht unter 70% abfallen. Diese Art muss stets feucht gehalten werden, idealer Weise mit Regenwasser. Die winzigen, dicht stehenden weißen Blüten bilden einen reizvollen Kontrast zu den dunklen, samtigen Blättern. Ihre Farbe variiert zwischen Braun-Grün und Braun-Rot. Achtung: bei zu starkem Schatten werden die Pflanzen fast reingrün!
*L. discolor* ist eine sehr beliebte und verbreitete Orchidee, was nicht zuletzt mit ihrer Fähigkeit zur raschen vegetativen Vermehrung zusammenhängt.

# Lycaste aromatica

*Lycaste aromatica* ist vor allem in Mittelamerika (Mexiko, Honduras, Guatemala) verbreitet und verträgt im Sommer um die 35° C, während der Ruhephase ca. 10° bis max. 15° C. Sie hat einen sehr hohen Platzbedarf (über 40 cm Höhe), ihre Blüten riechen angenehm nach Zimt.
Ab November geht die Pflanze in die winterliche Ruhezeit über und wird kühl und trockener gehalten. Dabei verliert sie ihr Laub. Die strenge Ruhezeit dauert von Januar bis März, sonst bleiben die Blüten aus. Die Pflanze ist während dieser Zeit aber luftfeucht zu halten. Die Bulben dürfen auch in der strengen Ruhezeit nicht stark schrumpfen. Die Hauptblütezeit ist von Frühling bis Sommer. Die ideale Kulturform ist im Topf.
Der Standort sollte hell, aber ohne direkte Sonne sein. Sobald der Neutrieb zu sehen ist, können die Wassergaben wieder gesteigert werden, erst zaghaft, mit zunehmender Triebgröße immer mehr. Bevor der Neutrieb nicht ca. 4–5 cm groß ist, sollte man mit dem Gießen noch sehr vorsichtig sein. Während des Wachstums darf kräftig gegossen werden. Während des Wachstums alle 2–3 Wochen in üblicher Konzentration düngen. Eine Gartenkultur im Sommer ist empfehlenswert. Achtung: Es gibt blühfaule Klone von *Lyc. aromatica*. Man sollte diese Art nur im blühfähigen Alter kaufen.

**Visitenkarte**

**Blütezeit**
Meist Frühjahr

**Heimat**
Mexiko bis Honduras

**Kultur**
Temperiert

**Pflege**
Anspruchslos

# Lycaste-Hybriden

**Visitenkarte**

**Blütezeit**
Meist Frühjahr/Sommer

**Heimat**
Mexiko bis Brasilien

**Kultur**
Temperiert

**Pflege**
Anspruchslos

Diese Gattung wurde nach der schönen Tochter des griechischen Königs Priamos benannt und besteht aus ca. 45 Arten. Es handelt sich um laubabwerfende, epiphytische oder terrestrische Orchideen, die in 600 bis 2200 m Höhe in Mexiko, Zentral- und Südamerika und auf den Westindischen Inseln wachsen. In Kultur vertragen sie allerdings temperierte Bedingungen am besten. Während der Ruhezeit können sie sogar noch etwas kühler gestellt werden. Der ideale Standort ist hell aber ohne direkte Sonne. Man sollte auch für viel Luftbewegung sorgen. Bis zum Blattabwurf sollte reichlich und regelmäßig gegossen werden. Die beste Zeit zum Umtopfen ist nach der Blüte.

**DIE WICHTIGSTEN ARTEN**

**Lycaste aromatica:** epiphytische Orchidee mit lanzettlichen, 30 bis 40 cm langen Blättern.
Von Frühling bis Sommer zeigen sich zahlreiche, nach Zimt duftende, 4 bis 6 cm große Blüten mit orange getupfter Lippe und gelbgrünen Sepalen.
Heimat: Mexiko, Belize, Guatemala, Honduras.

**Lycaste brevispatha:** epiphytische Orchidee mit 50 cm langen, lanzettlichen Blättern.

Von Winter bis Frühling zeigen sich zahlreiche bis 10 cm breite Blüten mit hellgrünen, rötlichbraun getupften Sepalen, weißen Petalen mit braunen Flecken und rosa gepunkteten Lippen.
Heimat: Guatemala, Nicaragua, Costa Rica, Panama.
**Lycaste cruenta:** epiphytische Orchidee mit lanzettlichen, bis 40 cm langen Blättern.
Im Frühling und Sommer zeigen sich zahlreiche, schwach nach Zimt duftende, bis 7 cm große Blüten. Diese haben grünlich gelbe Sepalen, gelblich orange, an der Basis rot getupfte Petalen und orangefarbene, an der Basis rot gefleckte Lippen.
Heimat: Mexiko, Guatemala, El Salvador, Costa Rica.
**Lycaste deppei:** epiphytische Orchidee mit lanzettlichen, 30 bis 50 cm langen Blättern.
Die zahlreichen, 9 cm großen Blüten erscheinen von Frühling bis Sommer und besitzen grüne, rotbraun gefleckte Sepalen, weiße Petalen und eine dunkelgelbe und an der Basis rot gestreifte Lippe.
Heimat: Guatemala, Mexiko.
**Lycaste longipetala:** epiphytische Orchidee mit bis zu 60 cm langen, lanzettlichen Blättern.
Die große, fleischigen, bis 16 cm breiten Blüten erscheinen im Sommer und öffnen sich nicht vollständig. Sie haben blassgrüne Sepalen, dunkelgrüne Petalen und eine rotbraune, am Rand hellorange Lippe.
Heimat: Venezuela, Kolumbien, Ecuador, Peru.
**Lycaste skinneri:** epiphytische Orchidee mit 50 bis 60 cm langen, lanzettlichen Blättern.
Von Winter bis Frühling bilden sich 12–15 cm große Blüten, die cremefarbene Sepalen, rötlich purpurne Petalen und rosa Lippen besitzen, die manchmal purpurn gefleckt sind.
Heimat: Mexiko, Guatemala, Honduras, El Salvador.

# Lycaste lasioglossa

**Visitenkarte**

**Blütezeit**
Meist Frühjahr

**Heimat**
Mexiko, Peru

**Kultur**
Temperiert/Warm

**Pflege**
Anspruchslos

Die Gattung umfasst ca. 35 Arten, der Name kommt von Lycaste, der schönen Tochter von Priamus von Troja. Praktisch alle Lycaste-Arten sind in den Gebirgsgegenden der amerikanischen Tropen von Brasilien bis Mexiko verbreitet. Obwohl sie in ihrer ursprünglichen Heimat großen Temperaturschwankungen unterworfen sind, lieben sie in Kultur temperierte Bedingungen.
Die ansehnlichen Blüten erscheinen meist einzeln an Blütenstielen. Der Lichtbedarf ist sehr hell mit direkter Vor- oder Nachmittagssonne sowie Schatten am Mittag. Die Wassergaben sind den Temperaturen anzupassen. Im Sommer regelmäßig, im Winter sehr sparsam düngen.
Ganz wichtig ist allerdings eine möglichst große Lichtmenge in der dunklen Jahreszeit. Die Neutriebe werden immer erst im Dezember fertig. Mindesttemperatur im Winter 12° C. Solange die Pseudobulben blattlos sind, kühl halten und ganz wenig gießen; wenn neue Sprosse erscheinen, feuchte Luft und mäßigen Schatten geben, wenig gießen, bis das Wurzelwachstum beginnt. Während der Ruhezeit, in der nur soviel gegossen wird, dass die Pseudobulben nicht schrumpfen, schadet auch ein etwas kälterer Standort nicht.
Das Gießwasser muss abfließen können. Als Pflanzstoff für die Topfkultur eignet sich ein Gemisch aus Laub- und Gartenerde sowie Epiphytenpflanzstoff. Die beste Umtopfzeit ist nach dem Verblühen.
Eine sehr bekannte Art ist *Lycaste lasioglossa,* die aus Honduras bzw. Guatemala stammt und warm-temperierte Bedingungen braucht. Sie macht nicht so eine ausgeprägte Ruhezeit durch wie die meisten anderen Lycasten und sollte über Winter weiter sparsam gegossen und auch gedüngt werden. Sie liebt einen sehr hellen Standort mit direkter Vor- oder Nachmittagssonne sowie Schatten am Mittag. Die Wassergaben sind den Temperaturen anzupassen. Im Sommer wird regelmäßig, im Winter sehr sparsam gedüngt. Ganz wichtig ist allerdings ein möglichst heller Platz in der dunklen Jahreszeit. Die Neutriebe sind immer erst im Dezember fertig.

# Masdevallia-Hybriden

Diese Gattung wurde nach dem spanischen Arzt und Botaniker Dr. José Masdevall benannt. Sie besteht aus ca. 350 Arten, die meist epiphytisch wachsen und in Costa Rica, Mexiko und Brasilien, vor allem aber in den Nebelwäldern der kolumbischen Anden vorkommen.
Die meisten Arten benötigen kühle Bedingungen, und zwar im Sommer 10–20° C, im Winter: 8–18° C. Einige Arten können aber auch im temperierten Bereich kultiviert werden. Man sollte sich beim Kauf unbedingt über die Temperaturbedürfnisse informieren!
Die Arten dieser Gattung kommen mit relativ wenig Licht aus. Ideal ist ein schattiger Platz an einem Ostfenster, auch ein helles Nordfenster ist gut geeignet. Die Gattung verträgt kein direktes Sonnenlicht. Ganz wichtig ist eine hohe Luftfeuchtigkeit, die zwischen 70–90% liegen sollte. Auch wird viel Frischluft benötigt.
Masdevallia muss ständig feucht gehalten werden, wobei darauf zu achten ist, dass keine Staunässe entsteht. Bei tiefen Temperaturen wird entsprechend weniger gegossen. Liegen die Temperaturen über 15° C, kann vorsichtig gesprüht werden. Ideal zum Gießen ist salzarmes Wasser (z. B. sauberes Regenwasser).
Der Dünger muss sehr verdünnt werden, da die Pflanzen sehr empfindlich gegen Salze sind und die Wurzeln verbrennen können. Während des Wachstums der Pflanzen wird alle 3 Wochen mit einem Viertel der üblichen Konzentration gedüngt, an heißen Tagen überhaupt nicht. Es wird nämlich bei hohen Temperaturen mehr Wasser und damit auch mehr Salz aufgenommen.
Umgetopft wird im Frühjahr mit Beginn des Wurzelwachstums.
Ein Aufenthalt im Freien ist von Mai bis Anfang Oktober empfehlenswert, da draußen die benötigten tiefen Temperaturen eher gewährleistet sind. Der Platz sollte zwar schattig, aber nicht zu dunkel sein.
Die Pflege von Masdevallia-Arten setzt einige Erfahrung voraus. Möchte man diese Gattung auf der Fensterbank halten, eignen sich neben den robusteren Hybriden vor allem folgende Arten:
*M. bicolor, M. calura, M. chaparensis, M. erinacea, M. floribunda, M. glandulosa, M. guttierezi, M. herradurae, M. impostor, M. nidifica, M. prodigiosa, M. strobelii, M. tovarensis, M. urosalpinx, M. weberbaueri, M. yungasensis* oder *M. infracta*.
Achtung: Bei zu viel Wasser oder Zugluft sind oft Blattverluste und Knitterwuchs die Folge.

## Visitenkarte

**Blütezeit**
Herbst–Frühjahr

**Heimat**
Mittel- und Südamerika

**Kultur**
Kühl/Temperiert

**Pflege**
Mäßig anspruchsvoll

# Maxillaria picta

**Visitenkarte**

**Blütezeit**
Winter–Frühling

**Heimat**
Brasilien

**Kultur**
Temperiert

**Pflege**
Anspruchslos

Die Gattung Maxillaria ist zwar ziemlich bekannt, unter Orchideensammlern allerdings nicht sonderlich beliebt. Nur ein Bruchteil der rund 300 Arten bringt nämlich prächtige Blüten hervor und viele Arten werden erstaunlich groß. Zudem sitzen die Blüten auf relativ kurzen Stielen und eignen sich damit auch nicht als Schnittblumen.

*M. picta* braucht einen hellen Platz ohne direkte Sonne. Zur Blüteninduktion ist eine kurze Ruhepause erforderlich. Gegen Herbst und Winter sollte vor der Blüte weniger gegossen werden, wobei das Substrat aber nicht vollständig austrocknen darf.

Die Wintertemperaturen sollten am Tag bei 18° C und in der Nacht bei 13° C liegen.

Für ein gesundes Wachstum sind viel frische Luft und eine sehr hoher Luftfeuchtigkeit nötig. In der Vegetationszeit (Sommer) müssen die Pflanzen reichlich gegossen und gedüngt werden. Empfehlenswert ist auch ein Sommeraufenthalt im Freien, idealerweise im leichten Schatten unter einem Baum. Schatten ist deshalb wichtig, da die Blätter schnell verbrennen.

Die Kulturform ist im Topf, allerdings ist sie auch im Korb möglich.

Achtung: Der Platzbedarf ist sehr groß (ca. 30–40 cm Höhe)! Der Naturstandort sind höhere Bergregionen, wo diese Orchideen epiphytisch bis lithophytisch wachsen.

Synonyme sind: *M. fuscata, M. kreysigii, M. leucocheila, M. monoceros, M. rupestris.*

# Miltonia

Die Gattung ist nach dem englischen Orchideenliebhaber Lord Fitzwilliam Milton (1786–1857) benannt und umfasst lediglich 3 »echte« Miltonia-Arten. Sie wachsen bei kühl-temperierten Bedingungen: Im Sommer: 17–22° C, im Winter: 15–18° C. Die Blütezeit ist im Frühjahr und Herbst.
Die Luftfeuchtigkeit sollte 60–80% betragen. Das Gießen ist bei Miltonia-Arten etwas kompliziert, da das Substrat nie austrocknen darf, Staunässe aber unweigerlich zur Fäulnis führt. Deshalb empfiehlt sich eine gute Drainage im Topfboden; überschüssiges Wasser kann so besser ablaufen. Im Sommer also kräftig, im Winter etwas vorsichtiger gießen. Die nächste Wassergabe sollte erfolgen, wenn der Topf etwas leichter geworden ist. Nach Abschluss des Neutriebes die Pflanze etwas trockener halten; manchmal dauert es einige Wochen, bis sich eine Blüte zeigt.
Die Wurzeln der Miltonien sind sehr salzempfindlich. Während des Wachstums sollte man alle 3–4 Wochen mit Orchideendünger gießen. Dieser ist

**Visitenkarte**

**Blütezeit**
Sommer

**Heimat**
Südamerika

**Kultur**
Temperiert/Kühl

**Pflege**
Anspruchslos

dabei doppelt so stark zu verdünnen, wie auf der Packung angegeben ist. Im Winter sollte gar nicht gedüngt werden.
Miltonien brauchen einen hellen Standort ohne direktes Sonnenlicht. Ost- und Westfenster sind gut geeignet. Bei Bestrahlung verfärben sich die Blätter grüngelblich bis rötlich.
Mit Beginn des Wachstums (oft im Herbst) kann man Miltonien umtopfen. Nie sollte man Miltonia-Arten im Sommer umtopfen, da die hohen Temperaturen schon Stress genug für die Pflanze sind. Beim Einsetzen in den neuen Topf muss man darauf achten, dass die Triebe nicht zu tief im Substrat stecken. Sonst kann es passieren, dass Gießwasser zwischen die Triebe läuft, was schon bald zur Fäulnis führt.
Ein Aufenthalt von Mai bis Anfang Oktober im Freien ist sehr empfehlenswert, da sich die erforderlichen Temperaturen hier am besten einhalten lassen. Der Platz sollte halbschattig ohne direktes Sonnenlicht sein.
Werden die Idealbedingungen bei den Miltonia-Arten nicht eingehalten, kann das zum so genannten »Ziehharmonikawuchs« führen. Dieser Wuchs, bei dem die Blätter knittrig aus der Basis wachsen, kommt durch kleine Wachstumspausen zustande. In diesem Fall müssen die Kulturbedingungen (vor allem Temperatur, Wassergaben und Luftfeuchte) verbessert werden. Hybriden sind für die Fensterbank besser geeignet als Naturformen. Blüten und gelbe Blätter sollten entfernt werden, bevor sie auf die Pflanze fallen können, da sonst die Fäulnisgefahr zunimmt.

# Miltonia spectabilis

Miltonien stammen aus Brasilien, wachsen hauptsächlich im Herbst und im Frühjahr und blühen im Sommer. Sie wachsen in ihrer Heimat in Höhen bis 1000 m auf Bäumen.
Die Gattung liebt warme Temperaturen und braucht vor allem in der Nacht über 17° C. Die Tagestemperaturen sollten noch um ein paar Grad höher sein.
*M. spectabilis* zählt zu den bekanntesten Arten der Gattung. Beliebt sind die Pflanzen vor allem wegen ihrer Blüten, die sehr attraktiv und langlebig sind. Ihre Farbe ist unterschiedlich, sehr beliebt ist die Farbe Dunkelrot. Die Blüten haben eine sehr auffällige, breite und purpurne Lippe mit gelben Streifen.
Der Standort sollte hell, aber ohne direktes Sonnenlicht sein. Ideal sind Ost- und Westfenster, Südfenster müssen schattiert werden! Die Luftfeuchtigkeit sollte möglichst hoch sein und man sollte für viel frische Luft sorgen, aber Zugluft vermeiden.
*M. spectabilis* sollte mäßig feucht (nicht nass) gehalten werden. Gegossen wird möglichst mit Regenwasser. Während der Wachstumszeit wird mit 1/3 der für Zimmerpflanzen angegebenen Stärke gedüngt. Gefaltete Blätter weisen meist auf eine zu geringe Luftfeuchtigkeit hin. Die Pflanzen sollten in diesem Fall öfter besprüht werden.
Umgetopft wird alle 2 Jahre nach der Blüte, wobei nicht zu große Kunststofftöpfe ideal sind! Die Pflanze sollte im Substrat einen festen Halt haben.

**Visitenkarte**

**Blütezeit**
Sommer

**Heimat**
Brasilien

**Kultur**
Warm

**Pflege**
Anspruchslos

# Miltoniopsis

**Visitenkarte**

**Blütezeit**
Sommer

**Heimat**
Kolumbien

**Kultur**
Temperiert

**Pflege**
Anspruchslos

Sehr bekannt sind die Miltonia-Hybriden, die vor allem aus Holland zu uns kommen. Diese unter dem Namen Miltonia angebotenen Orchideen, deren Blüten an ein Stiefmütterchen erinnern, werden auch »Miltoniopsis« genannt. Die ursprünglichen Eltern dieser Kreuzungen bilden eine eigene kleine Gattung. Sie werden grundsätzlich wie vorher beschrieben gepflegt.
Temperaturen von über 30° C stellen für diese Miltonia-Hybriden eine Qual dar, kommen doch die Elternteile aus höheren Lagen Kolumbiens. Im Sommer müssen diese Pflanzen deshalb kühl gepflegt werden. 10–14° C oder 14–16° C sind ideal. Im Winter sollte die Temperatur jedoch bei 18–20° C liegen. Diese Hybriden lassen sich gut mit Phalaenopsis auf der Fensterbank pflegen. Miltonien-Hybriden fühlen sich im Schatten sehr wohl und brauchen weniger Licht als die Phalaenopsen. Bei der Freilandkultur im Sommer kann es zu großen Problemen kommen, wenn die Nachttemperaturen zu stark absinken. Der Pflanzstoff sollte wegen der feinen Wurzeln unbedingt salzarm sein. Pflanzstoffvorschlag: 60% feine Rinde, 20% Torf, 15% Styroporflocken und 5% Quarzsand. Dazu 3 g kohlensauren Kalk, 1 g Gips. Düngen am besten nur ein Mal im Monat, da diese Pflanzen sehr salzempfindlich sind. Gegossen werden sollte nur mit salzarmem Wasser und nicht zu häufig. Im Winter nur vormittags, damit die Pflanzen bis zum Abend trocken sind. Auch hier müssen verblühte Rispen rechtzeitig entfernt werden. Abfallende Blüten verursachen schnell Fäulnis auf den empfindlichen Blättern. Oft wachsen diese Pflanzen auf der Fensterbank besser als im Gewächshaus. Der schon erwähnte Ziehharmonika- oder Knitterwuchs und Fäulnis sind die beiden Hauptursachen für den Pflanzenverlust.

# Odontoglossum bictoniense

Zur Gattung Odontoglossum zählen ca. 200 Arten immergrüner, epiphytischer oder epilithischer Orchideen. An ihrem Naturstandort wachsen sie in Höhen zwischen 1600 und 3200 m. Daher sind die Temperaturen auch das größte Problem bei der Pflege dieser Gattung. Die Arten mögen es gern kühl und das auch im Sommer. Bei Temperaturen über 24° C stellen viele Odontoglossen ihr Wachstum überhaupt ein.

Die idealen Temperaturen sind daher im Sommer: 24–16° C, im Winter: 18–10° C. Man sollte an heißen Tagen häufig sprühen oder den Übertopf mit Sphagnum (Moos) auskleiden. Das Sphagnum sorgt an der Wurzel für eine hohe Luftfeuchtigkeit. Der Topf kühlt sich leicht ab, die Feuchtigkeit bleibt stabiler und der Topf trocknet nicht so schnell aus.

Die Luftfeuchtigkeit sollte zwischen 60–90% liegen.

*O. bictoniense* besitzt ovale Pseudobulben, die 2–3 Blätter tragen. Diese werden bis zu 45 cm lang und sind länglich zugespitzt. Der aufrechte Blütenstand wird 60 bis 100 cm lang und trägt 8–12 Blüten, die 4–5 cm breit sind. Die Sepalen und Petalen sind gelblich grün mit rotbraunen Flecken. Die Lippe ist weiß bis leicht violett.

Die Art liebt einen hellen Standort, verträgt aber keine direkte Sonne. Bekommen die Blätter zu viel Licht, verfärben sie sich rötlich.

Auch diese Art sollte man mit Beginn des Wurzelwachstums umtopfen. Das Substrat sollte Kalk enthalten und sehr locker sein. Nicht zu fest andrücken, denn die Pflanzen haben sehr dünne Wurzeln.

Ein Aufenthalt im Freien ist empfehlenswert, denn so sind die gewünschten niedrigen Temperaturen leichter erreichbar. Werden die niedrigen Temperaturen nicht eingehalten, bedeutet dies meist den raschen Tod der Pflanze. Man sollte außerdem auf viel Frischluft achten, da es sonst leicht zu Pilzbefall kommt.

Achtung: Anfänger sollten es zunächst mit den robusteren Hybriden probieren, denn Odontoglossum ist nur mit viel Erfahrung erfolgreich zu kultivieren.

## Visitenkarte

**Blütezeit**
Oktober–April

**Heimat**
Mexiko, Guatemala, El Salvador

**Kultur**
Kühl

**Pflege**
Anspruchsvoll

# Oerstedella centradenia

## Visitenkarte

**Blütezeit**
Frühling–Sommer

**Heimat**
Nicaragua, Costa Rica

**Kultur**
Warm/Temperiert

**Pflege**
Mäßig anspruchsvoll

Diese Art kommt vor allem in Nicaragua, Costa Rica und Panama vor und liebt warm-temperierte Bedingungen. Sie braucht eine Mindesttemperatur von 12° C, wobei die Pflanzen an warmen Sonnentagen auch Temperaturen über 30° C vertragen.
Im Frühjahr erscheinen zahlreiche Blüten, wobei der Blütenstand traubig oder auch verzweigt sein kann. Die Farbe der Blüten variiert von einem kräftigen bis zu einem blassen Rosa.
Diese Orchidee braucht sehr viel Luftfeuchtigkeit. Wenn sie aufgebunden kultiviert wird, kann einmal täglich kräftig gesprüht werden, damit die vielen Luftwurzeln versorgt werden. Einmal wöchentlich kann man die Pflanze auch tauchen. Wird die Pflanze im Topf gehalten, muss das Gießen den Temperaturen angepasst werden. Das Substrat darf nicht austrocknen. Ideal zum Gießen ist Regenwasser.
Gedüngt wird nur sparsam, da die Wurzeln salzempfindlich sind. Zum Umtopfen eignet sich ein lockeres Rindensubstrat sehr gut. Ein Sommeraufenthalt im Freien ist empfehlenswert, am besten aufgehängt in Obstbäumen.
Diese Orchidee ist nicht besonders schwer zu kultivieren und eignet sich daher auch für Anfänger. An ihrem Naturstandort wächst *O. centradenia* meist im unteren Nebelwaldbereich in Lagen von 1200 m bis 1500 m.

# Oncidium cheirophorum

Diese Orchidee hat ihren Namen von der Form der Lippe, der an ausgebreitete Arme erinnert. Es handelt sich um eine Zwergorchidee aus der sehr formen- und artenreichen Gattung Oncidium. Wegen ihrer geringen Größe, ihrer Attraktivität und ihrer bescheidenen Ansprüche wird sie sehr gerne kultiviert. Die zwei zierlichen und verzweigten Stiele sind mit zahlreichen goldgelben Blüten bedeckt, welche stark duften und bis zu 6 Wochen lang halten können. Sie werden etwa 1,5 cm groß und tragen eine handähnliche Lippe. Die mittlere Sepale steht aufrecht, während die seitlichen Sepalen zurückgeklappt sind. Die 3-teilige, fleischige Schwiele am Lippengrund ist als einziger Teil der Blüte weiß gefärbt.
Wie die meisten Oncidium-Arten braucht auch *O. cheirophorum* ausreichend Luftfeuchtigkeit, viel Luft und leichten Schatten. Direkte Sonneneinstrahlung sollte vermieden werden. Oncidien können aus Rückbulben sehr leicht vermehrt werden.
Die Wassergaben müssen den jeweiligen Temperaturen angepasst werden. Dabei gilt: Es sollte immer dann kräftig gegossen werden, wenn der Ballen fast ausgetrocknet ist. Staunässe ist wie immer zu vermeiden. Während des Wachstums muss kräftig gedüngt werden (bei jedem 3. Gießen mit für Orchideen üblicher Konzentration, im Winter nur 3-mal insgesamt).
Achtung: Im Winter werden bei Lichtmangel die Blüten abgeworfen! Die beste Zeit zum Umtopfen ist das Frühjahr.

**Visitenkarte**

**Blütezeit**
Spätsommer/Herbst

**Heimat**
Nicaragua, Costa Rica, Kolumbien

**Kultur**
Temperiert

**Pflege**
Anspruchslos

# Oncidium-Hybriden

**Visitenkarte**

**Blütezeit**
Herbst

**Heimat**
Mittel- und Südamerika

**Kultur**
Temperiert/Warm

**Pflege**
Anspruchslos

*Unten links: Sommerstandort im Freien*
*Unten rechts: Oncidium-Hybriden, Einzelblüten*

Der Name stammt aus dem griechischen *ogkos* (gesprochen: *onkos*) und bedeutet »Schwiele«, aufgrund der schwieligen und warzigen Auswüchse an der Lippenbasis. Zu dieser Gattung gehören sehr viele Arten, die zu ganz verschiedenen Jahreszeiten blühen.

Oncidium-Arten gibt es für jeden Temperaturbereich. Deshalb ist es wichtig, sich bei der Anschaffung nach den Temperaturbedürfnissen der Pflanzen zu erkundigen. Generell kann man die Arten in zwei Gruppen einteilen.

**Gruppe 1:** Oncidium für die temperiert-kühle Umgebung (Sommer: 25–15° C/ Winter: 18–12° C). Der bekannteste Vertreter dieser Gruppe ist die Art *O. ornithorhynchum.* Sie sollten von Mai–Oktober an einem geschützten Platz im Freien stehen, denn dort lassen sich die Temperaturen am besten einhalten.

**Gruppe 2:** Arten, die in einer temperiert-warmen Umgebung wachsen (Sommer: 27–18° C/ Winter: 20–17° C). Zu dieser Gruppe gehören die meisten Oncidium-Arten.

Die Luftfeuchtigkeit beträgt ca. 40–70%. Ein Sommeraufenthalt im Freien ist möglich aber nicht nötig. Immer sollte ein halbschattiger Platz gewählt werden.

Die Wassergaben müssen den jeweiligen Temperaturen angepasst werden. Dabei gilt: Es sollte immer dann kräftig gegossen werden, wenn der Ballen fast ausgetrocknet ist. Staunässe ist wie immer zu vermeiden.

Während des Wachstums muss kräftig gedüngt werden (bei jedem 3. Gießen mit für Orchideen üblicher Konzentration, im Winter nur 3-mal insgesamt).

*O. ornithorhynchum* und andere Vertreter der ersten Temperaturgruppe benötigen nach der Ausbildung der Bulben unbedingt die oben beschriebene Absenkung der Temperatur, Oncidium-Arten der zweiten Temperaturgruppe müssen durchkultiviert werden.

Alle Oncidium-Arten brauchen sehr viel Licht. (Ideal: ein helles West- oder Ostfenster). Im Sommer dürfen die Pflanzen keine direkte Mittagssonne abbekommen. Achtung: Im Winter werden bei Lichtmangel die Blüten abgeworfen!

Die beste Zeit zum Umtopfen ist das Frühjahr.

# Oncidium ornithorhynchum

Diese eher kleinwüchsige Orchidee (ca. 15–20 cm hoch) ist bei Orchideensammlern sehr beliebt. Das verdankt sie hauptsächlich ihrem außergewöhnlichen Äußeren. Die Pseudobulben sind eiförmig, werden bis zu 7 cm lang und tragen 2 Blätter. Die Blütenstiele sind verzweigt, werden bis zu 40 cm lang und sind mit sehr interessant gefärbten, rosa Blüten mit gelben Zentren übersät. Die Blüten sind relativ klein.

Die ideale Temperatur liegt ganzjährig zwischen 13 und 20° C. Die Pflanze braucht einen mäßig hellen bis schattigen Standort. Die Luftfeuchtigkeit sollte zwischen 50–80% liegen, im Sommer kann bei trockener Luft auch gesprüht werden.

Während des Wachstums muss die Pflanze stets feucht gehalten werden, sonst kommt es zum so genannten »Ziehharmonikawuchs« der Blätter. Staunässe ist jedoch zu vermeiden, bei niedrigen Temperaturen sollte auch auf Pilzbefall geachtet werden. Im Winter macht die Pflanze eine mäßige Ruhepause durch, in dieser Zeit sollte weniger gegossen werden.

Gedüngt wird während des Wachstums alle 3 Wochen mit üblicher Konzentration. Ein Sommeraufenthalt ist von Ende Mai bis September an einer geschützten Stelle auf dem Balkon oder im Garten sehr empfehlenswert.

Die Kulturform ist im Topf oder als Epiphyt, die Orchidee für den Züchter mit bereits etwas Erfahrung geeignet. Die Blüten haben einen angenehmen Geruch nach Vanille oder Schokolade.

## Visitenkarte

**Blütezeit**
Herbst

**Heimat**
Mexiko, Guatemala, Costa Rica

**Kultur**
Kühl/Temperiert

**Pflege**
Mäßig anspruchsvoll

# Oncidium pumilum

**Visitenkarte**

**Blütezeit**
April/Mai

**Heimat**
Brasilien, Paraguay

**Kultur**
Temperiert

**Pflege**
Mäßig anspruchsvoll

Die große Gattung Oncidium umfasst ca. 400 Arten, außerdem eine Vielzahl gärtnerischer Kreuzungen. Diese Ochidee zählt zu den so genannten »hundsohrigen« Oncidium-Arten, da ihre festen, langen Blätter wie Hundeohren geformt sind. Charakteristisch ist, dass diese Spezies überhaupt keine Pseudobulben besitzt und die verdickten, rötlichen, länglich ovalen Blätter als Speicherorgane dienen. Der Blütenstand ist hängend und verzweigt sich regelmäßig. Die winzigen, rot-gelben Blüten befinden sich an den Seitenzweigen. Im Vergleich zu anderen Oncidium-Arten braucht diese etwas mehr Licht und Wärme.

Sie sollt sehr hell, jedoch nicht voll sonnig, an einem Ost- oder Südfenster stehen. Im Herbst und Winter vertragen manche Oncidium-Arten auch volle Sonneneinstrahlung.

Während der Wachstumszeit muss reichlich gegossen werden, das Substrat sollte aber zwischendurch immer wieder abtrocknen können, da sonst die Wurzeln faulen. An warmen, sonnigen Tagen wird täglich gegossen und morgens gesprüht. Während der Ruhezeit im Winter darf gerade nur so viel gegossen werden, dass der Pflanzstoff nicht austrocknet. Sauberes Regenwasser oder abgestandenes Leitungswasser ist dafür sehr gut geeignet.

Gedüngt wird in der Wachstumszeit (Frühjahr bis Herbst) etwa alle 2 Wochen mit geringer Konzentration, in der mehrwöchigen Ruhezeit kann auf Düngung verzichtet werden.

Wird der Topf zu klein und Neutriebe bzw. Wurzeln wachsen bereits heraus, kann umgetopft werden.

Viele Oncidien sind ideal für die Fensterbank, da sie die relativ trockene Zimmerluft gut vertragen. Achtung: Im Winter brauchen die Pflanzen eine ausgeprägte Ruhezeit!

# Paphiopedilum callossum

Eigentlich blüht diese wunderschöne und sehr bekannte Frauenschuh-Art ganzjährig, meist aber in den Monaten März bis Juni. Sie wurde früher sehr gerne importiert und als Schnittblume verwendet. Die Farbe der Blätter und der Blüten kann sehr stark variieren. Der Stiel wird bis zu 35 cm hoch und trägt eine einzelne Blüte (8 bis 12 cm breit) mit einer braun-purpurn gefärbten, dunkler geaderten Lippe. Besonders attraktiv ist das obere Sepale, welches grün, weinrot und weiß gefärbt ist.
Die Blätter werden bis zu 20 cm lang, schwärzlich grün marmoriert bis schachbrettähnlich gefleckt.
Die Petalen sind abwärts und nach hinten geneigt, leicht sichelförmig, auf rötlichem Grün bräunlich purpurn und dunkelgrün gestreift sowie schwärzlich gefleckt.
Die Temperaturen sollten ganzjährig gemäßigt sein, das Substrat mäßig tief und leicht feucht.
Diese Orchidee stammt aus Thailand, Indochina, sie wächst im Laubhumus der Waldböden bis in Höhen um 1400 m.

## Visitenkarte

**Blütezeit**
März–Juni

**Heimat**
Thailand, Kambodscha

**Kultur**
Temperiert

**Pflege**
Mäßig anspruchsvoll

# Paphiopedilum concolor

**Visitenkarte**

**Blütezeit**
Frühjahr/Herbst

**Heimat**
Thailand

**Kultur**
Temperiert/Warm

**Pflege**
Anspruchsvoll

Diese sehr bekannte Orchideenart hat ca. 4 auf der Oberseite dunkelgrün und graugrün gescheckte und auf der Unterseite mit violetten Flecken versehene Blätter. Diese sind breit zungenförmig und werden ca. 10 bis 15 cm lang und ca. 4 cm breit.

Der 10 cm hohe, rötlich behaarte Blütenschaft trägt 1 (selten 2) Blüten von ca. 7 cm Durchmesser. Die Blütenfarbe ist gleichmäßig Hellgelb (*concolor* = gleichfarbig) mit sehr feiner violettroter Punktierung.

Paphiopedilum wird bei zu nasser Haltung sehr leicht von Pilzen (Blattflecken, Fäulnis) befallen. Auch bleiben die Blütenansätze in der Blütenscheide stecken, wenn die Arten zu nass gehalten werden. Ein Übersprühen ist nur an sehr warmen Tagen mit niedriger Luftfeuchtigkeit wichtig.

Frauenschuhe werden das ganze Jahr über gedüngt: Im Sommer ist eine Düngergabe bei jedem dritten Gießen ideal, im Winter insgesamt reicht eine monatliche Düngung. Die Konzentration kann dabei so gewählt werden, wie es auf den Packungen der Orchideendünger angegeben wird, keinesfalls jedoch darüber.

# Paphiopedilum delenatii

Diese äußerst attraktive und beliebte Orchideen-Art stammt ursprünglich aus Vietnam und Thailand, ist allerdings an ihrem Naturstandort nicht mehr aufzufinden. Lediglich in der Wildnis Nordvietnams soll es noch Exemplare geben.

*P. delenatii* zählt wegen ihrer einzigartigen Blüten zu den begehrtesten Frauenschuh-Arten. Sie war früher das Schmuckstück jeder Orchideensammlung und war ein sehr gefragter Import-Artikel. Durch die Fortschritte im züchterischen Bereich ist diese Orchidee heute zwar nicht mehr selten, aber immer noch relativ teuer.

Die Blätter sind an der Oberseite dunkelgrün und hellgrün gefleckt, an der Unterseite rotbraun marmoriert und werden bis zu 15 cm lang. Der Blütenschaft ist bis zu 20 cm hoch und rötlich braun. Das Charakteristikum sind jedoch die ca. 8 cm breiten weißen Blüten mit einem Paar breiter Petalen und der rosafarbenen Lippe.

Besonderer Pflegetipp: Wenn man die Pflanze zumindest einen Monat lang sehr trocken und bei einer Temperatur unter 10° C hält, kann man mit einer erhöhten Blütenpracht rechnen!

Die Pflanze blüht aber auch bei ganzjährig gemäßigten Temperaturen.

**Visitenkarte**

**Blütezeit**
Frühjahr

**Heimat**
Vietnam, Thailand

**Kultur**
Kühl/Temperiert

**Pflege**
Mäßig anspruchsvoll

# Paphiopedilum emersonii

## Visitenkarte

**Blütezeit**
Frühjahr

**Heimat**
China

**Kultur**
Temperiert

**Pflege**
Anspruchsvoll

Die Entdeckung von *P. emersonii* ist leider nur wenig dokumentiert. Man weiß nur, dass diese Art aus China über Hongkong exportiert wurde. Die Pflanze wurde nach dem bekannten kalifornischen Orchideensammler Emerson Charles benannt, bei dem die Pflanze im April 1986 zum ersten Mal blühte.
Diese Art stammt aus dem Südwesten Chinas und wächst zwischen 460 und 700 m Höhe.
*P. emersonii* gedeiht am besten bei Morgensonne, man sollte immer für starke Luftbewegung sorgen. Die ideale Temperatur liegt im Sommer bei 30–31° C (Tag) bzw. 22–23° C (Nacht).
Luftfeuchtigkeit: 70–75%, fast 80% im Spätsommer und Frühherbst.
Pflanzen in Kultur sollten häufig während des aktiven Wachstums gegossen werden und nur leicht abtrocknen. Das Substrat sollte jedoch nie nass sein. Im Herbst muss das Wasser dann allmählich reduziert werden.
Umgetopft wird im Spätwinter oder zu Frühlingsbeginn. Jährliches Umtopfen ist günstig, wenn lebendes Sphagnum als Substratzusatz verwendet wird, sogar unbedingt erforderlich.

# Paphiopedilum esquirolei

Zur Gattung Paphiopedilum zählen über 70 Arten, die in Südchina, Indien, Südostasien und auf den pazifischen Inseln beheimatet sind. Die Vertreterinnen dieser Gattung werden auch »Frauenschuhe« genannt, da ihre Lippe wie ein Schuh geformt ist.

*P. esquirolei* ist eine sehr auffällige Orchidee, deren Blüten mit Haaren bedeckt sind. Ihr Durchmesser beträgt bis zu 12 cm und sie werden vom drahtigen Stiel bis in eine Höhe von 25 cm getragen. Ihr oberes, ovales Sepale ist braun-grün, das Petale purpurn und metallisch schimmernd. Die Lippe ist vergleichsweise klein, gelb und völlig mit kleinen roten Punkten übersät. Die Blätter selbst sind einfarbig grün.

Hält man die Pflanze im Winter etwas kühler, wird man mit mehr Blüten belohnt! Ansonsten ist diese Orchidee zwar nicht übermäßig schwierig zu halten, es handelt sich aber um eine Rarität, die schwer zu bekommen ist! Sie ist also für Einsteiger eher ungeeignet.

**Visitenkarte**

**Blütezeit**
Februar–Mai

**Heimat**
Laos

**Kultur**
Kühl/Temperiert

**Pflege**
Anspruchsvoll

# Paphiopedilum fairrieanum

**Visitenkarte**

**Blütezeit**
Juni–September

**Heimat**
Himalajaregion Nordindiens

**Kultur**
Temperiert

**Pflege**
Mäßig anspruchsvoll

Diese Orchidee zeichnet sich durch eine äußerst ungewöhnliche Blüte aus. Die blassgrünen Blätter werden nur 10–15 cm lang. Der nur wenig längere Stiel trägt hingegen eine einzelne Blüte mit ca. 6 cm Durchmesser. Die sichelförmigen Tepalia sind weißlich mit kräftiger pupurner Äderung. Allerdings gibt es zahlreiche Farb- und Größenvarianten und sogar eine seltene Albino-Art.

Ihren Namen hat diese Orchidee nach einer gewissen Mrs. Fairie, bei der diese reizvolle Art zuerst blühte. Im Jahr 1857 wurde *P. fairrieanum* in geringer Stückzahl nach England eingeführt.

Diese Orchidee ist relativ leicht zu kultivieren. Man pflegt sie am besten in einem Substrat aus Torfmoosstreifen, Styroporkugeln, Torf und Birkenholzspänen. *P. fairrieanum* braucht ganzjährig gemäßigte Temperaturen und ein leicht feuchtes Substrat.

Der beste Zeitpunkt zum Umtopfen ist die Wachstumsphase, es sollte dabei möglichst feines Substrat verwendet werden. Grünlaubige Arten kann man von Juni bis August ins Freie stellen, sie blühen dann besser.

Paphiopedilum wächst an seinem Naturstandort zu fast 100% auf dem Boden (terrestrisch). Gibt es mit dieser Gattung Probleme, sollte man den pH-Wert des Substrats untersuchen. Dieser sollte zwischen 5 und 6,5 liegen. Dem Substrat sollte regelmäßig Kalk beigemengt werden (besonders bei weißen Arten), dieses fördert das Wachstum. Muschelkalk (zerkleinerte Muscheln) ist ebenfalls sehr praktisch, weil es nicht alle paar Wochen neu zugegeben werden muss. Die verwendeten Muscheln müssen allerdings gründlich gewaschen, getaucht und von Meersalzen befreit werden.

Gibt es Probleme mit den Blüten, ist meist Wasser im Herzen der Pflanze stehen geblieben. Bei Frischluftmangel kommt es leicht zu Pilzbefall, auch Schildläuse treten öfters auf.

Synonyme: *Cordula fairrieanum* (LINDLEY) ROLFE

# Paphiopedilum-Hybriden

Paphiopedilum ist die bekannteste Orchideengattung überhaupt. Der Name stammt aus dem Griechischen: »Paphia« ist der Beiname der Venus (nach der Stadt Pathos auf Zypern) und »Pedilon« bedeutet Schuh. Wegen der schuhförmigen Lippe wird die Pflanze nämlich auch Venusschuh oder Frauenschuh genannt. Durch dieses charakteristische Merkmal wird die Pflanze praktisch von jedermann erkannt. Die Gattung umfasst fast 70 Arten. Der einheimische Frauenschuh gehört jedoch zur verwandten Gattung Cypripedium.
Das Vorkommen beschränkt sich auf Südostasien, besonders auf das Gebiet von Indien bis nach Neuguinea und die Philippinen. Interessanterweise kommt die Gattung in den Erdteilen Afrika, Amerika und Australien überhaupt nicht vor. Alle Arten besitzen immergrüne und dicht gedrängte Blattrosetten, aus denen nur einmal ein Blütentrieb mit einer Einzelblüte oder mit wenigen Blüten entspringt. Die Blüten sind sehr langlebig und halten mehrere Wochen, auch wenn man sie abschneidet und in eine Vase stellt. Überhaupt ist diese Orchideengattung relativ leicht zu halten. Die große Beliebtheit zeigt sich auch durch Tausende von künstlich erzeugten Hybriden.
Diese Orchidee muss kräftig gegossen werden, wobei das Substrat dann abtrocknen, aber nie ganz austrocknen darf. Im Winter vorsichtiger gießen.

**Visitenkarte**

**Blütezeit**
Ganzjährig

**Heimat**
Südostasien

**Kultur**
Temperiert

**Pflege**
Mäßig anspruchsvoll

Paphiopedilum werden bei zu nasser Haltung sehr leicht von Pilzen (Blattflecken, Fäulnis) befallen. Auch bleiben die Blütenansätze in der Blütenscheide stecken, wenn die Arten zu nass gehalten werden. Ein Übersprühen ist nur an sehr warmen Tagen mit niedriger Luftfeuchtigkeit wichtig.
Die so genannten »Frauenschuhe« werden das ganze Jahr über gedüngt: Im Sommer ist eine Düngergabe bei jedem 3. Gießen ideal, im Winter insgesamt reicht eine monatliche Düngung. Die Konzentration kann dabei so gewählt werden, wie es auf den Packungen der Orchideendünger angegeben wird. Eine Absenkung der Temperatur, vor allem in der Nacht, nach Abschluss des Wachstums, ist für die Blütenbildung wichtig. Auch beim Licht gibt es etwas andere Bedürfnisse der einzelnen Gruppen. Generell gilt: geflecktlaubige und mehrblütige Arten möchten hell, aber ohne direkte Sonne stehen (Halbschatten), grünblättrig Arten müssen schattig stehen, sind also auch an einem Nordfenster gut aufgehoben.

Der beste Zeitpunkt zum Umtopfen ist die Wachstumsphase. Besonders wichtig ist eine Drainage im Topfboden. Es sollte feines Substrat verwendet werden.
Nur grünlaubige Arten kann man von Juni bis August ins Freie stellen, sie blühen dann besser. Paphiopedilum wachsen an den Naturstandorten zu fast 100% auf dem Boden (terrestrisch). Dem Substrat sollte regelmäßig Kalk in fester Form zugesetzt werden (besonders bei weißen Arten), dieses fördert das Wachstum der gesamten Pflanze. Muschelkalk (zerkleinerte Muscheln) ist besonders praktisch, weil es als Dauerquelle wirkt und nicht alle paar Wochen erneut zugegeben werden muss. Die verwendeten Muscheln müssen vor ihrem Einsatz durch sehr gründliches Waschen und Tauchen von Meersalzen befreit werden. Die Blätter werden bei Frischluftmangel oder allgemeiner Schwächung leicht von Pilzen befallen. Außerdem lassen sich vor allem Schildläuse auf Paphiopedilum nieder.

# Paphiopedilum malipoense

**Visitenkarte**

**Blütezeit**
Frühjahr

**Heimat**
Südwestchina

**Kultur**
Warm/Temperiert

**Pflege**
Anspruchsvoll

Diese mittelgroße Orchideenart war bis zum Jahr 1984 völlig unbekannt, obwohl sie äußerst attraktiv ist. Der Grund, warum sie bisher sehr selten geblieben ist, liegt darin, dass sie sich nur schwer kultivieren lässt. Eigentlich sollte man die Kultur überhaupt Experten überlassen.
Eine ähnliche Art, nämlich *Paphiopedilum jackii,* unterscheidet sich nur in winzigen Details. Sie wurde sogar noch später entdeckt (1999). Das Auffälligste an dieser Art sind die grünlichen Einzelblüten, welche aus den Rosetten sprießen. Deren marmorierte Blätter können bis zu 25 cm Durchmesser haben. Sie haben eine zarte rosa Zeichnung und eine auffällig aufgeblähte Lippe, auf deren Innenseite sich ein rosa Muster befindet. Die Blütezeit dieser in Südwestchina beheimateten Art ist im Frühling.

# Paphiopedilum rothschildianum

Diese Art wächst an ihrem Naturstandort an steilen Hängen auf Serpentingestein, also nicht epiphytisch. Dabei durchdringen die Wurzeln der Pflanze den Humus.

Wichtig sind konstant hohe Temperaturen und ein mäßig hell bis schattiger Standort. Die Pflanze sollte häufig gegossen werden, der Topf darf nie ganz austrocknen. Gedüngt wird regelmäßig in üblicher Konzentration. Auch regelmäßige Kalkgaben sind wichtig.

Die Art gedeiht am besten in einem durchlässigen, aber wasserspeichernden Substrat, dem man Moos beimischen kann: Beim Umtopfen kann z.B. feine Pinienrinde mit Beimischung von Sphagnum-Moos und Kalk verwendet werden.

*P. rothschildianum* reagiert empfindlich auf Wachstumsunterbrechungen (ausgelöst z.B. durch Trockenheit, Kälte oder Nährstoffmangel). Außerdem wächst diese Art sehr langsam. Die ideale Kulturform ist im Topf.

**Visitenkarte**

**Blütezeit**
Herbst

**Heimat**
Borneo

**Kultur**
Warm/Temperiert

**Pflege**
Anspruchsvoll

# Paphiopedilum spicerianum

**Visitenkarte**

**Blütezeit**
Winter

**Heimat**
Himalajaregion

**Kultur**
Temperiert/Kühl

**Pflege**
Mäßig anspruchsvoll

Diese Art wurde häufig für die Züchtung von Frauenschuh-Hybriden verwendet, es gibt auch kaum noch reine Exemplare. Die Blätter sind riemenförmig, dunkelgrün und auf der Unterseite rötlich. Sie werden ca. 15–25 cm lang und 3 cm breit. Der aufrechte Blütenstiel ist schlank, dunkelrot, ca. 20–30 cm lang und trägt 1–2 Blüten mit ca. 7 cm Durchmesser. Die Blüten sind braun-grün, haben ein schneeweißes oberes Petale mit einem rosa Mittelstreifen und einen ähnlich gefärbten Mittelteil.

Die Pflanze braucht das ganze Jahr hindurch einen kühlen Standort und sehr viel Licht. Es sollte auch möglichst viel Luftzirkulation herrschen. Das Substrat kann mit etwas Blumenerde angereichert werden.

Paphiopedilum ist sehr heikel, was die Temperatur betrifft: Man sollte sich daher bei der Anschaffung unbedingt nach den Temperaturansprüchen erkundigen!

Geflecktlaubige Arten mit durchgängig warmen Bedingungen: Sommer: 20–25° C/Winter: 16–22° C. Rein grünlaubige Arten mit schmalen Blättern mit temperierten Bedingungen: Sommer tagsüber 20–22° C/nachts: 19–17° C. Winter tagsüber 20–23° C/nachts 16–13° C. Mehrblütige Arten mit warm-temperierten Bedingungen: Sommer 20–23 °C/Winter 18–22° C. Rein grüne Arten mit breitem Laub mit temperierten Bedingungen: Sommer 18–25° C/Winter 16–20° C. Die Temperaturabsenkung ist nach Abschluss des Wachstums wichtig für die Blütenbildung!

Die Luftfeuchtigkeit sollte 50–70% betragen. Im Winter sollte vorsichtiger gegossen werden, da Paphiopedilum bei zu nasser Haltung sehr leicht von Pilzen (Blattflecken, Fäulnis) befallen wird. Auch bleiben dann die Blütenansätze in der Blütenscheide stecken. Ganz wichtig ist, dass kein Wasser in den Blattachseln und im Herz stehen bleibt.

Auch die Lichtbedürfnisse sind sehr unterschiedlich: Geflecktlaubige und mehrblütige Arten lieben einen hellen Standort ohne direkte Sonne (Halbschatten), grünblättrige Arten müssen schattig stehen, hier ist ein Nordfenster ideal.

Der beste Zeitpunkt zum Umtopfen ist die Wachstumsphase, wobei ein feines Substrat verwendet werden sollte.

Schädlinge/Krankheiten: Bei Frischluftmangel werden die Blätter leicht von Pilzen befallen, auch Schildläuse lassen sich gerne auf Paphiopedilum nieder.

# Phaius tankervilleae

Diese Art hat palmenartige lange Blätter, ist also sehr dekorativ. Die früher häufig als Schnittblume verwendete Orchidee wächst terrestrisch, hat sehr große interessante Blüten und ist auch für Anfänger geeignet. Die Kultur ist ähnlich wie bei der Gattung Cymbidium. Im Laufe des Jahres verliert die Pflanze die Blätter von den jeweils ältesten Trieben, es erscheinen wieder neue Triebe, die dann im nächsten Jahr blühen. Die Hauptblütezeit ist im Winter.

Ein Nachteil ist der sehr hohe Platzbedarf (mehr als 40 cm Höhe). Die Blüten erreichen eine Größe von ca. 6 cm.

Der ideale Standort ist mäßig hell bis schattig, die Kultur im Winter ist auch im ungeheizten Zimmer bei 18–20° C möglich.

*P. tankervilleae* sollte im Frühjahr und Sommer etwas im Wasser stehen, da das natürliche Vorkommen nahe am Wasser liegt. Während des Wachstums sollte kräftig gegossen werden, der Pflanzstoff darf aber nie ganz austrocknen. Im Winter müssen die Wassergaben etwas reduziert werden. In dieser Zeit sollte man nur gießen, wenn der Pflanzstoff abgetrocknet ist. Staunässe ist auch bei dieser Art unbedingt zu vermeiden!

Im Gegensatz zu den meisten anderen Orchideen braucht diese Gattung während des Wachstums sehr viel Dünger.

Da es sich um eine ausgesprochene Erdorchidee handelt, kann dem normalen Orchideensubstrat etwas Lehm oder Sand beigemischt werden. Allerdings wachsen diese Orchideen auch in normalem Orchideensubstrat. Die beste Zeit zum Umtopfen ist das Frühjahr, wenn die neuen Triebe bereits einige Zentimeter groß sind. Aufgrund der verhältnismäßig raschen Verbreitung ist häufiges Umtopfen nötig. Die Kulturform ist im Topf, der aber nicht zu klein sein darf!

**Visitenkarte**

**Blütezeit**
Herbst/ Winter

**Heimat**
China

**Kultur**
Temperiert

**Pflege**
Anspruchslos

# Phalaenopsis-Hybriden

**Visitenkarte**

**Blütezeit**
Verschieden

**Heimat**
Asien/ Australien

**Kultur**
Warm

**Pflege**
Anspruchslos

Zur Gattung gehören ca. 40 Arten, der Name stammt aus dem Griechischen: »phalaina« heißt Nachtfalter und »opsis« ist das Aussehen. Die Blüten sehen also wie tropische Nachtfalter aus, sind oft groß und farbenprächtig, je nach Art unterschiedlich und besitzen eine dreilappige Lippe.
Die Pflanzen sind ab März bei einer relativen Luftfeuchtigkeit von 70 bis 80% schattig zu halten. Ab Ende Oktober brauchen sie allerdings dann wesentlich mehr Licht. Um die Blüte besonders bei Hybriden zu fördern, hält man die Pflanzen während 3–4 Wochen bei ca. 12° C und trocken. Im Sommer stets mäßig feucht, nach der Blüte jedoch trockener halten; nur mit abgestandenem Wasser gießen und die Blätter nicht mit kalkhaltigem Wasser besprühen, um Flecken zu vermeiden. Im Sommer alle 2 Wochen mit einer 0,2%igen Lösung eines speziellen Orchideendüngers gießen. Beim Umtopfen dient als Substrat eine Mischung aus Osmunda, Sphagnum und Holzkohlestückchen oder auch Osmunda, Sphagnum, Weißtorf und Styromull. Die Orchideen können in Kunststoffgefäße, die mit großen Abzugslöchern, aber ohne weitere Drainierung zu versehen sind, getopft werden. Umgetopft wird möglichst alle 2 Jahre im Mai. Phalaenopsis kann auch an Epiphytenstämmen befestigt oder in Holzkörbchen oder Schalen kultiviert werden.

Die Vermehrung erfolgt über Stecklinge: Phalaenopsis neigt dazu, aus den unteren Augen des Blütenstieles Adventivknospen zu bilden. Aus ihnen entwickeln sich später neue Pflanzen, so genannte »Keikis«. Diese können, sobald sie Wurzeln gebildet haben, abgenommen und eingetopft werden. Die Aussaat erfolgt

auf Nährböden unter keimfreien Bedingungen. Von der Befruchtung bis zur Ernte der dann noch nicht ganz reifen Samenkapsel vergehen etwa 3–4 Monate. Die Keimdauer beträgt gewöhnlich 2–3 Wochen, nach 4 Wochen sind die Keime dann deutlich sichtbar. Die Vermehrung ist ganzjährig möglich.

# Phalaenopsis stuartiana

**Visitenkarte**

**Blütezeit**
Winter/Frühjahr

**Heimat**
Philippinen

**Kultur**
Warm/Temperiert

**Pflege**
Mäßig anspruchsvoll

Zur Gattung Phalaenopsis gehören ca. 40 Arten, die epiphytisch wachsen. Die Blätter sind meist zweizeilig angeordnet, fleischig verdickt und überhängend.

Die Blüten von Phalaenopsis sind oft groß und sehr farbenprächtig, je nach Art unterschiedlich und besitzen eine dreilappige Lippe.

Die meisten Arten sind in den feuchten Urwäldern Asiens, bis Australiens beheimatet.

*P. stuartiana* wird ca. 60 cm hoch und 30 cm breit und braucht Temperaturen zwischen min. 18° C und max. 30° C). Die Blätter sind halbhängend, 35 cm lang, mittelgrün und auf der Oberseite sehr schön marmoriert. Die Unterseite ist purpurn.

Der Blütenstand kann bis zu 80 cm lang werden, ist verzweigt und nachblühend. Die Blüten haben einen Durchmesser von 4–6 cm Durchmesser und sind in der oberen Hälfte weiß, in der unteren Hälfte gelblich mit braun-roten Flecken. Die Blütezeit ist von November bis März.

*P. stuartiana* kommt zumeist in den feuchten Dschungeln der Philippinen vor. Sie ist für Anfänger der Orchideenzucht eher ungeeignet.

# Phragmipedium

Diese Orchideengattung ist vor allem in Bolivien, Peru, Panama, Brasilien (20 Arten) verbreitet und gedeiht am besten im temperierten Temperaturbereich:
Sommer: Tag: 19–23° C/Nachts: 16–18° C
Winter: Tag: 18–20° C/Nachts: 16–14° C
Der Name leitet sich ab vom griechischen »phragma« = Teilung, Trennung und »pedilon« = Schuh, und zwar aufgrund der Trennungswand im Fruchtknoten und der schuhförmigen Lippe.
Diese Gattung braucht einen hellen Standort ohne direkte Sonne. Im Winter schadet direktes Sonnenlicht hingegen nicht.
Die Luftfeuchtigkeit sollte zwischen 60–90% liegen, die Arten brauchen auch viel Frischluft. Phragmipedium liebt feuchte Bedingungen, da die Pflanzen an ihren Naturstandorten in der Nähe von Bächen und Flussläufen wachsen. Vor allem die kleineren Arten können im Sommer auch in einem mit etwas Wasser

**Visitenkarte**

**Blütezeit**
Frühjahr

**Heimat**
Südamerika

**Kultur**
Temperiert

**Pflege**
Anspruchsvoll

*Links:*
Phragmipedium-Hybride

gefüllten Untersetzer stehen, was bei anderen Orchideengattungen den sofortigen Verlust der Pflanze bedeuten würde. Allerdings sollte der Untersetzer einmal in der Woche für zwei Tage austrocknen, damit sich Bakterien nicht verbreiten können. Bei niedrigen Temperaturen wird aber natürlich weniger gegossen werden als bei hohen. Das Substrat sollte dabei nie völlig austrocknen.
Man sollte darauf achten, dass in den Blattachseln kein Wasser stehen bleibt, weil sonst rasch Fäulnis auftritt. Es ist ratsam, nach dem Gießen mit einem Tuch die Blätter abzuwischen. Gedüngt wird während des Wachstums alle 14 Tage, wobei der Dünger doppelt verdünnt verabreicht werden sollte.
Die Hauptblütezeit ist das Frühjahr, sie kann bis zum Sommer dauern. Dabei erscheinen mehrere Blüten an einem langen Stiel, die sich nach und nach öffnen. So können die Pflanzen über Monate hinweg blühen.
Das Substrat zersetzt sich aufgrund der benötigten hohen Feuchtigkeit schneller als bei anderen Orchideen. Man sollte daher nach Möglichkeit einmal jährlich umtopfen. Besonders gut geeignet ist der Zusatz von Steinwolle, da diese sich nicht zersetzt. Vorteilhaft sind auch größere Töpfe, damit die Orchidee nicht zu schnell austrocknet.
Ein Aufenthalt im Freien ist bei dieser Gattung nicht empfehlenswert.
Die Pflege von Phragmipedium setzt einige Erfahrung voraus. Für die Fensterbank sind eher die robusteren Hybriden geeignet, die hier recht gut gedeihen und auch regelmäßig blühen. Achtung: diese Gattung ist nicht für trockene Wohnräume geeignet.
Bei der Anschaffung sollte man beachten, dass viele Arten sehr groß werden können.
Ist die Luftfeuchtigkeit nicht hoch genug, kann das rasch zu Blattverlusten führen, während zu wenig Frischluft Pilzbefall auf den Blättern auslösen kann. Man sollte auch darauf achten, dass das Gießwasser nicht zu viele Salze enthält, sonst werden die Wurzeln geschädigt, was zum Verlust der Pflanze führen kann.

*Unten:*
Phragmipedium-Hybriden

# Phragmipedium besseae

**Visitenkarte**

**Blütezeit**
Ganzjährig

**Heimat**
Peru

**Kultur**
Temperiert

**Pflege**
Mäßig anspruchsvoll

Phragmipedien lieben es feucht, da sie an ihren Naturstandorten in der Nähe von Bächen und Flussläufen siedeln. Bei niedrigen Temperaturen muss weniger gegossen werden als bei hohen, wobei das Substrat aber nie völlig austrocknen darf. Im Sommer sollte also 2–3-mal in der Woche gegossen werden. In den Blattachseln verursacht stehen gebliebenes Wasser schnell Fäulnis, ein Küchentuch sorgt hier für Abhilfe. Das verwendete Wasser darf nicht zu viel gelöste Salze enthalten. Die Arten müssen während des Wachstums alle 14 Tage gedüngt werden, dabei sollte der Dünger doppelt verdünnt verabreicht werden. Benötigt wird ein heller, aber keinesfalls sonniger Platz. Im Winter darf aber das Licht durchaus auf die Orchidee fallen. Die Hauptblütezeit ist das Frühjahr, sie dauert bis zum Sommer. Dabei erscheinen mehrere Blüten an einem langen Stiel und öffnen sich nach und nach. Auf diese Weise blühen die Pflanzen über Monate hinweg. Zu niedrige Luftfeuchtigkeit führt schnell zu Blattverlusten, zu wenig Frischluft zu Pilzen auf den Blättern. Enthält das Gießwasser zu viel Salze, werden die Wurzeln geschädigt, was zum Verlust der Pflanze führen kann.

*Unten:* Phragmipedium bessae *und* flava

# Promenea xanthina

**Visitenkarte**

**Blütezeit**
Mai–August

**Heimat**
Brasilien

**Kultur**
Temperiert

**Pflege**
Anspruchslos

Diese kleinwüchsige Art hat ihren Namen aufgrund ihrer gelblichen (= xanthia) Blüten, die stark duften und 4–5 Wochen lang halten. Sie haben einen Durchmesser von 4–5 cm und eine leuchtend gelbe Farbe. Leider ist diese Art trotz ihrer Schönheit in unseren Breiten nicht sehr bekannt. Auffallend sind die nur 2 cm langen Pseudobulben. Die Blüten, die an den hängenden Stielen wachsen, haben eine rote Lippe und sind mit 5 cm Durchmesser geradezu riesig im Vergleich zur übrigen Pflanze.
Die Pflanze braucht einen hellen Standort, aber ohne direkte Sonne. Man muss allerdings für eine hohe Luftfeuchtigkeit sorgen. Während der Wachstumsphase sollte reichlich gegossen werden, wobei der Pflanzstoff niemals ganz austrocknen und keine Staunässe entstehen darf. Man sollte diese Orchidee nach Möglichkeit alle zwei Jahre umtopfen, da sie kein altes Substrat mag. Die Kulturform ist aufgebunden oder idealer Weise im Topf.
Wie alle Promenea-Arten stammt auch diese aus Brasilien.

# Psychopsis

## Visitenkarte

**Blütezeit**
Ganzjährig

**Heimat**
Mittel- und Südamerika

**Kultur**
Temperiert/Warm

**Pflege**
Anspruchslos

Diese kleine Gattung ist aus der Gruppe der Oncidium-Arten hervorgegangen. Zu ihr gehören die Arten *P. kramerianum* und *P. papilio*. *P. kalihis* ist eine Hybride beider Arten. Die Blüten aller drei Orchideen sehen einem Schmetterling sehr ähnlich und brauchen alle gleiche Pflegebedingungen. Die Arten *P. papilio* und *P. kramerianum* bilden zum Teil sehr lange Blütenstände aus, das sollte man bei der Anschaffung bedenken. *P. kalihis* blüht und wächst etwas kompakter, was gerade auf der Fensterbank ein Vorteil ist. Ein weiterer Vorteil der Hybride ist deren ausgeprägte Blühfreudigkeit. Die Pflanzen stehen bis auf wenige Wochen praktisch das ganze Jahr in Blüte, wobei die Blüten ständig nachwachsen. Die Blütenstände sollte man daher niemals abschneiden, da sich auch an der abgestorbenen Spitze seitlich neue Blütenschäfte bilden können.

Pflege: Die Orchideen wachsen bei warm-temperierten Bedingungen (18–25° C) das ganze Jahr über. Sie lieben einen sehr hellen Standort ohne direkte Mittagssonne. Gegossen wird das ganze Jahr über gleichmäßig, ohne dass Staunässe entsteht. Die Gefahr des Faulens besteht für Jungtriebe, weil sich Wasser in den halb zusammengefalteten Blättern ansammeln kann!

# Rhyncholaelia digbyana

## Visitenkarte

**Blütezeit**
April–August

**Heimat**
Mexiko, Honduras und Guatemala

**Kultur**
Temperiert

**Pflege**
Anspruchsvoll

In ihrer Heimat wächst diese Art von Meereshöhe bis etwa 900 m Höhe. Die Hauptblütezeit ist von April bis August. Früher wurde sie der Gattung Brassavola zugeordnet, obwohl sie von ihrem Äußeren her viel stärker an Cattleya- oder Laelia-Orchideen erinnert.

*R. digbyana* ist zwar nicht sonderlich schwer zu kultivieren, es ist allerdings ein großes Kunststück, sie zur Blüte zu bringen. In unseren Breiten bekommt sie nämlich im Winter zu wenig Licht und blüht daher nur ganz selten.

Die Blüten sind relativ groß (bis zu 12 cm) und sehr attraktiv, da die cremeweiße Lippe am ganzen Saum bewimpert ist. Die keuligen, etwas flach gedrückten Pseudobulben mit einem graugrünen Laubblatt sind 10–15 cm hoch. Diese Pflanze ist übrigens ein Elternteil der meisten Cattleya-Hybriden (Brassocatleya).

# Rhyncholaelia glauca

Der Gattungsname setzt sich aus *rhynchos* (= griechisch: Schnabel) und *Laelia,* einer verwandten Orchideengattung, zusammen.
Diese Orchidee hat etwas kleinere Blüten (ca. 12 cm groß), die jedoch einen angenehm fruchtigen Geruch haben. Die Pflanze braucht möglichst viel Licht, liebt viel Frischluft und verträgt auch direkte Sonne. Die Mittagssonne im Sommer sollte aber leicht schattiert werden, damit die Blätter nicht verbrennen. Bei zu wenig Licht blüht die Art nicht.
Während des Wachstums darf man sie nie austrocknen lassen, nach den Wassergaben sollte das Substrat aber schnell wieder abtrocknen, da die Pflanze keine Staunässe verträgt. Außerhalb des Wachstums darf das Substrat zwischen den Wassergaben ganz austrocknen, die Wassergaben müssen also reduziert werden. Gedüngt wird während des Wachstums alle 2–3 Wochen mit normaler Konzentration. Wichtig ist die Verwendung eines luftigen, offenen Substrats, damit das Wasser schnell wieder ablaufen kann.
Aufgrund der Temperaturansprüche und des hohen Frischluftbedarfes ist ein Aufenthalt von Ende Mai bis Ende August an einer hellen, geschützten Stelle sehr zu empfehlen.

**Visitenkarte**

**Blütezeit**
Frühjahr

**Heimat**
Mexiko

**Kultur**
Temperiert

**Pflege**
Anspruchslos

# Rhynchostylis gigantea var. rubra

**Visitenkarte**

**Blütezeit**
Winter/Frühjahr

**Heimat**
Indien, Malaysia, Philippinen

**Kultur**
Temperiert/Warm

**Pflege**
Anspruchsvoll

Diese Orchidee ist nur dem fortgeschrittenen Züchter zu empfehlen. Sie wird relativ groß (ca. 20–30 cm Höhe) und hat ca. 2 cm hohe Blüten, die angenehm duften. Die Hauptblütezeit ist im Winter und Frühling. Eine Besonderheit sind die reinweißen Blüten.

*R. gigantea* liebt einen hellen, halbschattigen Standort ohne direkte Sonne. Diese Art braucht auch während des Winters viel Licht und verträgt in dieser Zeit direkte Sonne. Das macht die Kultur nicht ganz einfach.

Bezüglich Luftfeuchtigkeit ist diese Art nicht besonders anspruchsvoll, jedoch sollte sehr trockene Luft vermieden werden.

Im Frühling und Sommer wird mäßig bis stark gedüngt (alle 2–3 Wochen dem Sprüh- oder Tauchwasser etwas Dünger zusetzen), im Winter wenig bis gar nicht.

Jeden Morgen die Wurzeln kurz in handwarmes Wasser tauchen, gegen Mittag übersprühen. Zum Abend hin sollte die Pflanze abtrocknen. Staunässe vermeiden!

Nachts sollten die Temperaturen bei 17–20 °C und tagsüber bei 22–28°C liegen (ganzjährig).

# Rhynchostylis retusa

Die Gattung Rhyncostylis wurde bereits im Jahr 1825 vom holländischen Botaniker C. L. Blume aufgestellt und nach der schnabelartigen Columna an der Blüte benannt: *rhynchos* (griechisch) = Schnabel, *stylos* (griechisch) = Säule, Stange. Es handelt sich um eine epiphytische Orchidee mit linealen bis länglichen, 25 cm langen bläulich grünen Blättern. Im Sommer erscheinen an hängenden, bis zu 30 cm langen Trauben weiße, duftende Blüten. Diese sind wachsartig, bis 3 cm breit, purpurn oder rosa gefleckt und mit purpurner Lippe.

Rhyncostylis liebt einen sehr hellen Standort, auch direkte Sonne wird vertragen. Nur im Sommer sollte über Mittag für Schatten gesorgt werden. Die Blütenbildung erfolgt nur bei ausreichendem Lichtangebot. Die Arten sollten unter möglichst warmen Bedingungen gepflegt werden. Idealtemperatur: Sommer: 25–27° C/Winter: 17–22° C.

Zu große Pflanzen sollten geteilt werden, wobei Stecklinge und Seitensprossen bewurzelt werden können.

Die Gattung Rhyncostylis wird oft ohne Substrat angeboten, da die Wurzeln viel Luft brauchen. Man sollte die Pflanze mehrmals täglich besprühen und einmal pro Woche für 30 min. tauchen. Die Pflanze darf auf keinen Fall ganz austrocknen, die Luftfeuchtigkeit sollte zwischen 60 und 80% liegen.

Während der Wintermonate kann die Temperatur auf 17 bis 22° C abgesenkt werden. In dieser Zeit darf nur sehr sparsam gegossen werden. Auch die Düngergaben sind während des Winters auf die Hälfte zu reduzieren.

Das geeignetste Pflanzmaterial ist eine Mischung aus Rinde mit Styropor und Nährsalzzugabe. Umgetopft wird nur, wenn unbedingt notwendig, wobei die Wurzeln möglichst unversehrt im neuen Pflanzgefäß unterzubringen sind. Gebrochene Wurzeln können die Entwicklung für Jahre zum Stillstand bringen! Die ideale Kulturform für epiphytische Orchideen ist in Lattenkörbchen.

**Visitenkarte**

**Blütezeit**
März–Juni

**Heimat**
Indien, Burma, Thailand

**Kultur**
Warm/Temperiert

**Pflege**
Mäßig anspruchsvoll

# Rossioglossum grande

**Visitenkarte**

**Blütezeit**
Spätherbst

**Heimat**
Mexiko

**Kultur**
Kühl

**Pflege**
Mäßig anspruchsvoll

Diese Gattung hat ihren Namen vom englischen Orchideensammler Ross und dem griechischen »glossa« (= Zunge). Sie eignet sich für den kühltemperierten Kulturraum: Sommer: Tags: 20–25° C/ nachts: 15–18° C, Winter: Tags: 17–20° C/ nachts: 14–16° C. Die Luftfeuchtigkeit beträgt 60–80% bei hohem Frischluftbedarf.
Während des Wachstums sollte kräftig gewässert werden, nachdem der Pflanzstoff abgetrocknet ist. Im Winter müssen die Wassergaben etwas reduziert werden; in dieser Zeit braucht die Orchidee weniger Wasser. Grundsätzlich darf keine Staunässe entstehen. An heißen Tagen hat die Gattung ein leichtes Übernebeln am Morgen gern, im Winter sollte man diese Pflegemaßnahme nur an hellen Tagen bei guter Luftbewegung durchführen. Starke Düngerkonzentrationen bewirken einen sofortigen Wurzelschaden, deshalb sollte während des Wachstums häufig, aber verdünnt gedüngt werden: alle 14–20 Tage mit einem doppelt stark verdünnten Orchideendünger gießen. Die bei Orchideen so beliebten West- und Ostfenster sind auch für diese Gattung am besten geeignet.

# Schomburgkia suberbiens

Es handelt sich um eine äußerst attraktive, aber auch schwierig zu kultivierende Art. Die Blätter werden bis zu 30 cm lang, die Blütenstände bis zu 4 m!
Die Pflanze braucht viel Licht und auch direkte Sonne (allerdings erst nach einer Eingewöhnung). Während des Wachstums muss sehr viel gegossen werden, Staunässe ist aber zu vermeiden. Gedüngt wird während des Wachstums sehr stark und regelmäßig. Ein Sommeraufenthalt im Freien ist empfehlenswert, möglichst an einer vollsonnigen Stelle im Garten oder auf dem Balkon. Leider ist diese Orchidee nur sehr schwer zum Blühen zu bringen, auch werden viele Arten dieser Gattung sehr groß. Für eine Blütenbildung braucht man sehr viel Licht. Bezüglich der Temperaturbedürfnisse gibt es große Unterschiede: Die meisten Arten wachsen warm-temperiert, einige eher im kühl-temperierten Bereich.
Die Arten der Gattung machen eine Ruhezeit durch, der Platzbedarf ist sehr hoch!
Anzahl der Arten: ca. 12.
An ihrem Naturstandort wächst diese Art in Regionen über 2000 m Seehöhe!
Zur Gattung gehörende Arten: *S. brysiana, S. chiondodora, S. gloriosa, S. lueddemannii, S. superbiens.*
Synonyme: Schomburgkia beinhaltet Arten, die auch mit dem Gattungsnamen Bletia, Cattleya, Epidendrum, Laelia und Myrmecophila bezeichnet werden.

## Visitenkarte

**Blütezeit**
Winter

**Heimat**
Mexiko, Honduras, Guatemala

**Kultur**
Temperiert/Kühl

**Pflege**
Sehr anspruchsvoll

# Sophronitis cernua

**Visitenkarte**

**Blütezeit**
Frühling/Herbst

**Heimat**
Brasilien

**Kultur**
Temperiert

**Pflege**
Sehr anspruchsvoll

Sophronitis ist eine sehr kleine Gattung, die nur aus 6 Arten besteht. Alle diese Arten kommen in Brasilien vor. Es handelt sich um eine winzige Orchidee, die unter Orchideenliebhabern allerdings sehr geschätzt ist. Besonders imposant ist der Anblick, wenn die zahlreichen kleinen Pseudobulben massenhaft erblühen. Die roten Blüten sind sonst nämlich ziemlich klein und nur teilweise geöffnet. Sie sitzen auf 4–8 kurzen Stielen.
*S. cernua* liebt einen hellen Standort und temperierte Bedingungen. Auch sollte man für viel Luftbewegung und hohe Luftfeuchtigkeit sorgen. Ideal ist die Fensterbank, ein Wintergarten oder ein Gewächshaus. Von Ende Mai bis September ist ein Aufenthalt im Freien sehr empfehlenswert. An ihrem Naturstandort erhält sie die Feuchtigkeit durch Tau, daher sollte man bei uns die Luftfeuchtigkeit in den Abendstunden und nachts erhöhen.
Im Winter wird *S. cernua* etwas trockener und kühler gehalten, zu lange Trockenheit ist allerdings zu vermeiden.
Die Kulturform ist aufgebunden.
Achtung: Diese Orchidee ist nur erfahrenen Züchtern zu empfehlen und nicht für den Anfänger geeignet!

# Sophronitis coccinea

*S. coccinea* zählt zu den schönsten und auch größten der Sophronitis-Arten. Besonders attraktiv sind die leuchtend roten Blüten, die auf kurzen Stielen sitzen. Oft wird Sophronitis auch dazu verwendet, um durch Kreuzung mit Laelia, Cattleya und Brassavola prächtige Hybriden zu erzeugen. *S. coccinea* ist eine kleine Orchidee mit kleinen Pseudobulben und länglichen Blättern.
Diese Art braucht einen hellen Standort, temperierte Bedingungen, hohe Luftfeuchtigkeit und gute Luftbewegung. Ideal ist die Fensterbank, ein Wintergarten oder ein Gewächshaus. Von Ende Mai bis September kann man sie durchaus ins Freie stellen, was der Pflanze auch gut tut. An ihrem Naturstandort erhält sie die Feuchtigkeit durch Tau, daher sollte man bei uns die Luftfeuchtigkeit in den Abendstunden und Nachts erhöhen.
Im Winter wird *S. coccinea* etwas trockener und kühler gehalten, zu lange Trockenheit ist allerdings zu vermeiden.
Die Kulturform ist aufgebunden.
Achtung: Diese Orchidee ist nur erfahrenen Züchtern zu empfehlen und nicht für den Anfänger geeignet!

**Visitenkarte**

**Blütezeit**
Juli–August

**Heimat**
Brasilien

**Kultur**
Temperiert

**Pflege**
Sehr anspruchsvoll

# Sophronitis mantiqueirae

**Visitenkarte**

**Blütezeit**
Sommer

**Heimat**
Brasilien

**Kultur**
Temperiert

**Pflege**
Sehr anspruchsvoll

Es handelt sich um eine sehr anspruchsvolle Orchidee, die in Europa kaum zu kultivieren ist. Die meisten Versuche scheitern an den Bedürfnissen dieser Pflanze: kühle, frische Luft und sehr viel Licht. Diese Kombination ist in unseren Breiten kaum zu bewerkstelligen. Zudem sind die Jahreszeiten genau umgekehrt: Während unseres Sommers ist es in der Heimat dieser Orchideen am kühlsten und umgekehrt. Das hat zur Folge, dass die Pseudobulben verkümmern und nur sehr selten blühen. Auch die Farbe verändert sich allmählich von Rot in Orange, da die Blüten bei uns viel zu wenig UV-Strahlung erhalten.
*S. mantiqueirae* braucht einen sehr hellen Platz mit direkter Vor- oder Nachmittagssonne sowie Schatten am Mittag. Die Luftfeuchtigkeit muss sehr hoch sein, der Frischluftbedarf ist sehr groß. Die Pflanze sollten niemals austrocknen, darf aber auch nicht zu viel gegossen werden, weil die Wurzeln sehr leicht zu faulen beginnen.
Man kann diese Art nach den Eisheiligen bis zum Herbst gut im Garten kultivieren (idealerweise im leichten Schatten eines Obstbaumes). Die Kulturform ist aufgebunden oder im Topf, ist aber auch in Gießtöpfen möglich. Achtung: Man darf die Pflanze nicht zu oft umtopfen oder umsetzen!
Die ideale Temperatur im Winter liegt bei 12–15° C, im Sommer sind bei guter Luftzirkulation auch 30° C kein Problem. Bei zu niedrigen Temperaturen faulen die Pflanzen sehr leicht. Wichtig zur Blütenbildung sind bei dieser Art lange Tage, deshalb blüht sie auch im Sommer. Wird die Pflanze importiert, braucht sie etwa 1–2 Jahre, um sich auf die Bedingungen in unseren Breiten umzustellen.
Die Art wächst an ihrem Naturstandort in Höhen von 1200–1860 m auf moosbewachsenen jungen Bäumen. Früher wurde diese Miniorchidee zur Art *Sophronitis coccinea* gezählt, allerdings besitzt sie keine roten Streifen auf den Blättern und blüht zu einer anderen Zeit.

# Stanhopea embreei

Es sind ca. 40–50 Arten bekannt, die von Mittel- bis Südamerika (z.B. Mexiko, Brasilien) zu finden sind und dort auf großen Bäumen im Regenwald wachsen. Viele Arten verströmen während der Blüte einen intensiven, angenehmen Duft. Die Blüten sind sehr komplex aufgebaut und daher bei Liebhabern deshalb sehr beliebt.

Ideal sind temperierte Bedingungen von 21–17° C (Sommer) und 20–14° C (Winter).

*St. embreei* liebt zwar einen hellen Standort, jedoch reagieren die Blätter sehr empfindlich auf direkte Sonneneinstrahlung. Nur im Winter vertragen sie direktes Sonnenlicht. Diese Art blüht meist im Sommer und Frühherbst, wobei die Blütezeit leider oft nur wenige Tage dauert.

Die Luftfeuchtigkeit sollte besonders während des Wachstums möglichst hoch sein.

Während des Wachstums im Winter wird viel Wasser benötigt, das Substrat darf in dieser Zeit nicht austrocknen; Staunässe ist jedoch zu vermeiden. Nach der Fertigstellung des Neutriebes ist das Gießen stark zu reduzieren, das Substrat darf aber nur fast völlig austrocknen, bevor wieder gegossen wird.

Während des Wachstums im Winter braucht diese Gattung viele Nährstoffe. Deshalb darf in dieser Zeit alle 2 Wochen mit der maximalen Konzentration gedüngt werden, wie auf der Packung des Orchideendüngers angegeben. Danach muss das Düngen eingestellt werden.

## Visitenkarte

**Blütezeit**
Sommer/Frühherbst

**Heimat**
Mexiko, Brasilien

**Kultur**
Temperiert

**Pflege**
Anspruchslos

# Stanhopea oculata

**Visitenkarte**

**Blütezeit**
Juni–September

**Heimat**
Mexiko, Honduras, Guatemala

**Kultur**
Temperiert

**Pflege**
Anspruchslos

Die ersten Vertreter der Gattung Stanhopea wurden im Jahr 1825 kultiviert. Lange zeigten sich keine Blüten, bis man zufällig in einem zerbrochenen Topf die im Substrat verborgenen Blüten entdeckte. Erst als man die Pflanzen in Körbe gab, konnten sich die nach unten wachsenden, stark duftenden Blüten frei entfalten. Der Blütenstand erreicht eine stattliche Länge von bis zu 35 cm und besteht aus 4–10 Blüten. Diese sind weißlich gelb und tragen zarte purpurne Flecken. An der Basis der Lippe befinden sich zwei auffällige braun-rote Flecken.

Die idealen Bedingungen sind temperiert, doch verträgt die Art auch kalte Bedingungen. Die Ruhezeit ist im Frühling und Sommer, ab dem Frühherbst beginnt das Wachstum. In dieser Zeit ist das Düngen und das Gießen auf ein Minimum zu reduzieren. Während des Wachstums muss regelmäßig und kräftig gegossen werden, Staunässe ist zu vermeiden!

Die Pflanze liebt einen hellen Standort ohne direkte Sonne. Gedüngt wird alle 2–3 Wochen mit normaler Konzentration.

Da die Ruhezeit in den Sommer fällt, ist ein Aufenthalt im Freien für die Art sehr wichtig. Die Temperaturen fallen nämlich in der Nacht deutlich ab. Geeignet ist ein vor direkter Mittagssonne geschützter Platz. Durch den Freilandaufenthalt wird auch die Blütenbildung gefördert.

Die Kulturform ist im Körbchen. Die Blüten wachsen seitlich aus dem Korb, sind stark duftend, halten aber nicht sehr lange.

Achtung: Diese Art hat einen sehr hohen Platzbedarf (mehr als 40 cm Höhe)!

# Stanhopea tigrina

Sie ist die größte und auch bekannteste aller Stanhopea-Arten.
Der Name dieser Orchidee leitet sich von *tigrina* = tigerartig gestreift ab. Sie wurde erstmals in der Nähe von Xalapa in Mexiko gesammelt und bereits im Jahr 1837 von J. BATEMAN veröffentlicht.
*S. tigrina* liebt einen halbschattigen Platz, der auch etwas heller sein kann und ist bezüglich Luftfeuchtigkeit nicht besonders anspruchsvoll. Sie ist auch flexibel, was die Temperatur betrifft und gedeiht von kalt über temperiert bis warm. Ideal sind temperierten Bedingungen: Sommer 21–17° C, Winter 20–14° C. Besonders während des Wachstums sollte die Luftfeuchtigkeit möglichst hoch sein. Die Blätter sind sehr empfindlich gegen direkte Sonne, nur im Winter wird direktes Sonnenlicht vertragen.
Im Frühjahr und Sommer sollte mäßig bis stark gedüngt werden, im Winter fast gar nicht. Während des Wachstums muss die Pflanze feucht aber ohne Staunässe gehalten werden, im Winter etwas trockener. Stanhopea-Arten haben nach der Fertigstellung des Neutriebes im Frühling eine Ruhezeit, während der sie möglichst kühl gehalten werden müssen. In dieser Zeit wird nur wenig gegossen, die Bulben dürfen aber nicht zu sehr schrumpfen.
Die Gattung Stanhopea ist berühmt und geschätzt wegen ihrer wunderschönen großen Blüten, die allerdings einen sehr intensiven Geruch verbreiten. Leider dauert die Blütezeit oft nur wenige Tage. Das größte Problem ist die Blüteninduktion, einige Arten gelten als blühfaul. Hier kann ein Sommeraufenthalt im Freien Abhilfe schaffen.
Entgegen der in vielen Fachbüchern verbreiteten Meinung, dass Stanhopea nur in Körben kultiviert werden kann, ist es durchaus möglich, sie auch im Topf zu kultivieren. Dabei wachsen die Blütentriebe über den Topfrand hinaus und blühen hängend für 2–3 Wochen. Sie kann also auch als Zimmerpflanze gehalten werden. Man kann die Pflanze sogar absichtlich in einen zu kleinen Topf pflanzen und dann die Bulben über den Topfrand wachsen lassen. Auf diese Weise hat die Rispe nach unten mehr Platz. Allerdings muss man dann die überhängenden Wurzeln jeden Tag besprühen und die Pflanze trotzdem gießen oder tauchen. Umgetopft wird dann, wenn die Triebe einige Zentimeter groß sind und Wurzelwachstum zu beobachten ist. Ein geschützter, heller Standort im Freien fördert die Blühwilligkeit. Bei der Anschaffung sollte man allerdings bedenken, dass diese Orchidee einen sehr hohen Platzbedarf hat (über 40 cm Höhe).

**Visitenkarte**

**Blütezeit**
Hochsommer

**Heimat**
Mexiko

**Kultur**
Temperiert

**Pflege**
Anspruchslos

# Stanhopea wardii

## Visitenkarte

**Blütezeit**
Spätsommer

**Heimat**
Kolumbien, Mittelamerika

**Kultur**
Temperiert

**Pflege**
Anspruchslos

Zur Gattung Stanhopea gehören 40–50 Arten, die von Mittel- bis Südamerika (z.B. Mexiko, Brasilien) zu finden sind und dort auf großen Bäumen im Regenwald wachsen.
Charakteristisch an dieser Art sind die gelb-orangen Blüten, die mit roten Punkten übersät sind. Sehr reizvoll sind auch die beiden dunklen Flecken an der Basis der Lippe. Leider beträgt die Blühdauer oft nur wenige Tage.
Ideal ist ein heller Standort, wobei die Blätter jedoch sehr empfindlich gegen direkte Sonneneinstrahlung sind. Nur im Winter wird direktes Sonnenlicht vertragen.
Empfehlenswert sind temperierte Bedingungen. Sommer: 21–17° C, Winter: 20–14° C. Besonders während des Wachstums sollten die Luftfeuchtigkeitswerte möglichst hoch sein.
Während des Wachstums im Winter braucht die Pflanze viel Wasser, wobei das Substrat in dieser Zeit nicht austrocknen darf. Staunässe ist jedoch zu vermeiden. Nach der Ausbildung des Neutriebes muss das Gießen stark reduziert werden, das Substrat darf allerdings nicht völlig austrocknen.
Während des Wachstums im Winter braucht Stanhopea viele Nährstoffe, daher sollte alle 2 Wochen eine hohe Düngerkonzentration verwendet werden. Danach wird das Düngen wieder eingestellt.
Stanhopea-Arten brauchen nach der Fertigstellung des Neutriebes im Frühjahr eine Ruhezeit, in der sie möglichst kühl gehalten werden müssen. Auch das Gießen muss reduziert werden.
Da die Blüten ungewöhnlich stark wachsen, muss Stanhopea aufgebunden oder hängend in einem Latten-, Draht- oder Gitterkorb kultiviert werden, der unten und an der Seite durchlässig ist. Wenn die Wurzeln zu wachsen beginnen, ist auch der beste Zeitpunkt für das Umtopfen gekommen. Dabei sollte man ein luftiges Substrat verwenden.
Sehr empfehlenswert ist ein Aufenthalt im Freien von Ende Mai bis September (halbschattig, ohne direkte Sonne). Die Pflanzen brauchen zu dieser Zeit nämlich niedrige Temperaturen. Man kann sie sehr gut in einem Obst- oder Laubbaum aufhängen.
Viele Arten verströmen während der Blütezeit einen intensiven und sehr angenehmen Duft.

# Tolumnia

Diese Orchidee wurde nach Tolumnius benannt, der in der »Aeneas« von Vergil erwähnt wird. Es handelt sich um eine von Oncidium abgespaltene Gattung mit einer sehr großen Farbpalette. Teilweise ist sie auch noch unter diesem Namen im Handel zu finden. Erst vor ca. 20 Jahren wurden die Tolumnia-Arten kultiviert, doch schon heute gibt es zahlreiche Hybriden. Diese sind auch wesentlich pflegeleichter als die reinen Naturarten.

Die Blütenstände bringen manchmal nach einiger Zeit neue Blüten hervor und sollten deshalb erst entfernt werden, wenn sie eintrocknen. Die attraktiven Hybriden (z. B. *T. wilbur*) sind meist pflegeleichter als die Naturformen. Die Kultur ist in kleinen Töpfen und auch aufgebunden möglich. Tolumnia ist eine typische West- oder Ostfenster-Orchidee. Sie liebt Morgen- oder Abendsonne, am Südfenster allerdings nur schattiert. Die Blätter bleichen bei zu viel Sonne aus oder werden bei zu wenig Licht dunkelgrün.

Die Idealtemperatur liegt ganzjährig bei 20–30° C (Tag) und 15–23° C (Nacht). Im Winter darf keinesfalls zu viel gegossen werden, sonst fallen die Blätter ab. Von November bis Jänner ist eine strenge Ruhezeit empfehlenswert, in dieser Zeit sollte nur ca. zweimal in der Woche leicht gesprüht werden.

Der Standort sollte sehr hell mit direkter Vor- oder Nachmittagssonne und Schatten am Mittag sein. Die Arten der Gattung brauchen nicht allzu hohe Luftfeuchtigkeit und müssen nicht so oft direkt gegossen werden. Zwischen den Wassergaben sollte das Substrat kurz austrocknen. Die Kulturform ist aufgebunden oder im Topf.

**Visitenkarte**

**Blütezeit**
Unregelmäßig

**Heimat**
Karibik

**Kultur**
Warm

**Pflege**
Mäßig anspruchsvoll

# Trichopilia tortilis

**Visitenkarte**

**Blütezeit**
Juni–Juli

**Heimat**
Mexiko,
Honduras

**Kultur**
Temperiert

**Pflege**
Mäßig
anspruchsvoll

Die Heimat *T. tortilis* ist Mexiko, Guatemala, El Salvador und Honduras, wo sie vor allem in Regenwäldern bis 1500 m Seehöhe wächst. In unseren Breiten ist es also auch bei dieser Pflanze eine Herausforderung, die Bedingungen des Naturstandortes entsprechend nachzustellen. Der Name »tortilis« bedeutet gedreht, da die Sepalen und Petalen korkenzieherartig gedreht sind. Die lederartigen, zugespitzten Einzelblätter werden bis zu 18 cm lang und 3 cm breit. Die Blüten sind wachsartig, duftend und 8–12 cm breit. Die weiße Lippe ist trompetenförmig und hat in der Mitte braunrote Tupfen, wobei der Lippenrand gewellt und der Schlund rötlich gefleckt ist.

*T. tortilis* wurde von Mexiko aus zunächst nach England in die Kultur eingeführt. Sie liebt einen schattigen bis halbschattigen Standort und eine relativ hohe Luftfeuchtigkeit. Ist diese zu gering, werden die Blätter rasch fleckig. Gedüngt wird im Frühjahr und Sommer eher mäßig, im Winter praktisch gar nicht.

Man sollte die Pflanze während des Wachstums feucht, aber ohne Staunässe halten, im Winter dann trockener.

Die ideale Kulturform ist im Ampeltopf. Wenn man die Pflanze richtig pflegt, zeigen sich zahlreiche Neutriebe, die im späten Frühjahr dann reichlich blühen.

Diese Art ist nicht besonders einfach zu pflegen und daher für Einsteiger eher ungeeignet. Sie ist sehr empfindlich gegen Staunässe, zu viel Licht, zu intensives Düngen sowie gegen Trockenheit.

# Trudelia pumila

Auch mit dieser Orchidee aus dem Himalaja-Gebiet kann man sich einen Hauch von Exotik ins Haus holen. Da sie an ihrem Naturstandort in höheren Lagen wächst, kann man durchaus einen etwas kühleren Platz wählen. Bis vor wenigen Jahren wurde diese Orchidee zu den Vanda-Arten gezählt. Da die Blütenform jedoch abweichend ist, wurde eine eigene Gattung Trudelia eingerichtet. Es handelt sich um eine kleine Orchidee, die auch recht kleine Blätter hat (kaum bis zu 10 cm). Dafür sind die weißlichen Blüten wieder vergleichsmäßig groß (bis zu 6 cm Durchmesser). Auf jedem der kurzen Stiele sitzen 3–5 davon. Die Lippenstreifen sind kräftig rot bis rot-braun.
Ein Nachteil dieser ansonst sehr attraktiven Orchidee ist der Umstand, dass die Blütezeit für den Züchter recht ungünstig ist: nämlich genau im Hochsommer.

**Visitenkarte**

**Blütezeit**
Juni–August

**Heimat**
Himalaja

**Kultur**
Kühl/Temperiert

**Pflege**
Mäßig anspruchsvoll

# Vanda-Hybriden

**Visitenkarte**

**Blütezeit**
Verschieden

**Heimat**
Himalaja, Burma

**Kultur**
Warm/Temperiert

**Pflege**
Anspruchsvoll

Die ca. 60 Arten dieser Gattung lieben warmtemperierte Bedingungen: Im Sommer: 30–25° C, im Winter: 22–17° C (Tiefstwerte um 13° C werden im Winter zeitweise toleriert.) Alle Arten wachsen epiphytisch. Es sind monopodiale Orchideen, d.h., die Pflanzen wachsen nur an der Blattspitze. Die Blätter sind ledrig, fast fleischig und meist flach. Die auffallend schönen hellblauen Blüten erinnern an Schmetterlinge. Sie duften intensiv und zeigen eine kleine dunkelviolette Lippe.

Die Luftfeuchtigkeit sollte 60–90% betragen. Die Gattung Vanda wird meist ohne Substrat kultiviert, da die Wurzeln sehr anfällig gegen Fäulnis sind. Selbst normales Orchideensubstrat lässt nicht genügend Luft an die Wurzeln. Es gibt allerdings immer wieder erfolgreiche Versuche, grobe Rinde als Substrat zu verwenden. Dies ist aber eher die Ausnahme und bedarf einiger Erfahrung. Auch Steine werden manchmal zum Abdecken der Wurzeln verwendet. Die Wurzeln trocknen sehr schnell aus. Deshalb müssen sie mindestens einmal täglich angesprüht werden, bei großer Hitze öfter. Einmal in der Woche sollten die Wurzeln für 20–30 Minuten in einen Wassereimer getaucht werden, es darf aber kein Wasser in den Blattachseln und im Herz stehen bleiben (besonders in der Nacht), da es sonst zu Fäulnis kommen kann. Mit Wasser gefüllte Röhrchen, wie

man sie oft mit Schnittblumen mitgeliefert bekommt, kann man an größere Wurzeln hängen. Dabei sollte man aber vorsichtig vorgehen: Drückt man die Wurzelspitze zu stark, kann es zum Wachstumsstopp kommen. Im Sommer sollte dem Sprühwasser alle 1–2 Wochen Orchideendünger mit der Hälfte der auf der Packung angegebenen Konzentration zugesetzt werden. Im Winter verlangsamt sich das Wachstum aufgrund des geringeren Lichtangebotes. Deshalb reicht in dieser Zeit eine Düngung alle 3–4 Wochen. Vanda ist sehr lichthungrig: Von Ende August bis Anfang Juni wird auch direktes Sonnenlicht vertragen. Nur im Hochsommer muss die Pflanze etwas schattiert werden. Ohne eine hohe Lichtdosis bilden sich keine Blüten. Hauptblütezeit sind das Frühjahr und der Herbst. Gerade die Hybriden blühen aber auch das ganze Jahr über.

Sehr zu empfehlen ist ein sonniger, windstiller Platz, der nur über Mittag etwas Schatten bietet. Nach der lichtarmen Jahreszeit muss die Pflanze langsam wieder an die Sonne gewöhnt

werden, sonst kann es zu Verbrennungen kommen. Vanda wird, vor allem bei zu nass-kalter Haltung, leicht von Pilzen und Bakterien befallen.
Die Vermehrung erfolgt durch Abtrennen und Eintopfen bewurzelter Seitentriebe. Die neue Knospe entwickelt sich unter einem neuen Blatt. Daraus wächst dann ein neuer Zweig. Nach der Blüte schneidet man den Zweig wieder ab, es wächst dann unter einem neuen Blatt wiederum ein neuer Zweig.
Besonders gut entwickelt sich die Vanda in einem Orchideenkorb.

**Pflegetipp:** Wichtig ist, dass das Gießwasser immer Zimmertemperatur hat und nicht zu hart ist. Ab und zu sollten die Blätter mit Wasser besprüht werden. Nur voll durchwurzelte Orchideen werden gedüngt, und zwar mit speziellem Orchideendünger. Vanda hat keine Pseudobulben und daher auch keine ausgesprochene Ruhezeit. Dennoch muss sie im Winter etwas weniger gegossen und kaum gedüngt werden. Vorsicht beim Umtopfen: Die Wurzeln dieser Orchideen brechen leicht und faulen dann. Wenn umgetopft werden muss, gibt man zuerst eine Drainageschicht in das Pflanzgefäß (als Substrat verwendet man Orchideenerde).

# Vanda tricolor

Diese Orchidee ist sehr beliebt, da sie relativ leicht zu kultivieren und zudem auch sehr attraktiv ist. Allerdings ist sie nur für große Gewächshäuser geeignet, denn ihr Stamm kann bis zu 150 cm lang werden! Der Blütenstand ist hängend mit 5–10 duftenden, dreifarbigen Blüten (daher auch der Name).

Die Pflanze liebt einen sehr hellen Standort mit direkter Sonne (allerdings erst nach langsamer Eingewöhnung). Damit die Wurzeln nicht zu schnell durchtrocknen, sollte die Luftfeuchtigkeit nicht zu niedrig sein (60–80%). Bei mangelnder Luftbewegung kommt es oft zu Pilzbefall, was sich mit schwarzen Flecken bemerkbar macht. Die Wurzeln dürfen nie ganz austrocknen, deshalb sollte viel und oft gesprüht werden, am besten morgens und an heißen Tagen auch mehrmals täglich. Einmal in der Woche sollte die Pflanze auch getaucht werden, wobei das Wasser handwarm sein sollte. In den Sommermonaten kann dem Sprühwasser wöchentlich Dünger in halber Konzentration beigegeben werden. Im Winter sind monatliche Düngergaben ausreichend. Die Temperaturen sollten im Winter nicht unter 18° C sinken! Die Pflanze hat keine Ruhezeit. Bevor sie zum ersten Mal blüht, muss sie eine sehr stattliche Größe erreichen. Ein Sommeraufenthalt im Freien ist an einer sonnigen aber geschützten Stelle möglich.

*V. tricolor* wird meist ohne Substrat kultiviert, meist im Körbchen oder aufgebunden. Die Kultur ist wie bei vielen Vertretern dieser Gattung nur dann zu empfehlen, wenn man genügend Zeit hat, die Pflanzen täglich zu sprühen und regelmäßig zu tauchen.

Synonyme: *V. hindsii, V. suaveolens, V.suavis.*

**Visitenkarte**

**Blütezeit**
Ganzjährig

**Heimat**
Java, Laos

**Kultur**
Warm

**Pflege**
Mäßig anspruchsvoll

# Vuylstekeara

**Visitenkarte**

**Blütezeit**
Herbst–Winter

**Heimat**
Weltweit

**Kultur**
Temperiert

**Pflege**
Anspruchslos

Vuylstekeara ist ein Mehrgattungshybride, der 1931 zum ersten Mal gezüchtet wurde und aus der Kreuzung der Gattungen Cochlioda, Miltonia und Odontoglossum entstanden ist.

Die Farbe der Blüten ist weitgehend Rot und wurde durch *Cochlioda noezliana* eingekreuzt. Die eiförmigen Pseudobulben werden 6–8 cm lang und tragen jeweils ein einzelnes lanzettliches Blatt von 40–50 cm Länge.
Diese Orchidee braucht einen hellen Standort ohne direkte Sonne und eine Luftfeuchtigkeit von 60–80%. Vor allem im Winter sollte das Substrat zwischendurch abtrocknen. Eine Vuylstekeara kann in dieser Zeit bis zu acht Tagen ohne Wasser auskommen. Während des Wachstums sollte 1–2-mal im Monat gedüngt werden. Umgetopft wird nach der Blüte oder wenn die Neutriebe ca. 5 cm groß sind. Das Substrat sollte aus einer Mischung von Torf, Rinde und Agrofoam bestehen. Beim Umtopfen stets auf gute Dränage achten!
Ein Sommeraufenthalt ist empfehlenswert, da die Pflanzen dann leichter blühen. Die ideale Temperatur liegt tagsüber zwischen 15–25° C und nachts zwischen 15–20° C. Für eine optimale Blütenpracht empfiehlt sich eine Temperaturabsenkung über mehrere Wochen auf 16–18° C noch kurz vor Ausbildung der neuen Bulbe. Nach der Blüte sollte Vuylstekeara etwas trockener und ein paar Grad kühler gehalten werden.
Wichtig: Nach dem Verblühen den Blütenstängel abschneiden!

# Wilsonara

Bei Wilsonara handelt es sich um eine Kreuzung aus Odontoglossum, Cochlioda und Oncidium. Mittlerweile ist eine Vielzahl von Kreuzungen erfolgt, die zu einer fast unüberschaubaren Vielfalt innerhalb dieser Gruppe geführt hat. Zum Teil wurden äußerst blühfreudige, farbenfrohe und großblütige Exemplare gezüchtet. Die Grenze der Kreuzungsmöglichkeiten dürfte jedoch mittlerweile erreicht sein und neue, außergewöhnliche Ergebnisse sind nicht mehr zu erwarten.

Die Pflanzen sollten im Winter hell bis sonnig stehen und mäßig gegossen werden. Wichtig sind eine hohe Luftfeuchtigkeit und Temperaturen zwischen 10 und 18° C. Im Sommer braucht Wilsonara einen leicht schattierten Platz und etwas höhere Temperaturen (nachts 15–18° C; tags 20–28° C). Es ist durchaus möglich, die Pflanze in den Garten zu stellen, allerdings sollte auch dieser Platz schattig und möglichst luftfeucht sein. Wenn die neuen Sprosse austreiben, sind alle Arten häufiger zu gießen. Während der Pseudobulbenausbildung sollte auch öfter gedüngt werden.

Umgepflanzt wird je nach Größe der Pflanzen alle 3–5 Jahre, dabei sind überzählige und wurzellose Bulben abzutrennen. Als Substrat verwendet man eine herkömmliche Mischung für Epiphyten. Die Töpfe sollten nicht zu groß, aber gut drainiert sein!

**Visitenkarte**

**Blütezeit**
Ganzjährig

**Heimat**
Gattungshybride!

**Kultur**
Temperiert

**Pflege**
Mäßig anspruchsvoll

# Erd-
# orchideen

# ERDORCHIDEEN

*Orchideen sind, wie bereits eingangs erwähnt, auf der ganzen Welt verbreitet. Ursprünglich wohl im asiatischen Raum beheimatet, haben sie im Laufe von Jahrmillionen Gebiete mit praktisch allen klimatischen Bedingungen erobert und sind mittlerweile auf der ganzen Welt anzutreffen (mit Ausnahme der Polregionen).*
*Zum Vorkommen und zur Geschichte wurde bereits in der Einleitung sehr viel erklärt.*
*Erdorchideen kommen in der Natur auf allen fünf Kontinenten vor, vor allem aber in den gemäßigten und kühlen Zonen Europas, Asiens und Amerikas. Sie besiedeln praktisch alle Lebensräume: Steppen, Wälder, Trockenrasen, Öd- und Buschland, Moore, Sümpfe, aber auch Hochgebirge bis in fast unvorstellbare Höhen.*

*In unseren Breiten ist die Freilandkultur auf terrestrisch lebende Orchideen beschränkt. Dazu zählen alle Orchideen, deren Wurzelstöcke oder Knollen im Erdboden verankert sind. Viele der Orchideen, die im Garten kultiviert werden, stehen ihren tropischen Verwandten an Schönheit nichts nach.*
*Im Vergleich zu den Zimmerorchideen handelt es sich hier großteils um winterharte Pflanzen, denen auch eine dicke Schneedecke nichts anhaben kann. Im Gegenteil: Viele attraktive Orchideen gedeihen bei uns sehr schlecht, weil unsere Winter nicht kalt und nicht lang genug sind. Aber auch in unseren Hochgebirgen gibt es viele Orchideen, die unseren klimatischen Verhältnissen perfekt angepasst sind.*
*Es ist ganz sicher nicht möglich, im Garten den Naturstandort »nachzuahmen«. Trotzdem ist es ein faszinierender Gedanke, eine Orchidee, die im fernen Himalaja-Gebiet wächst, auch im heimischen Garten zur Blüte zu bringen und jahrelang zu kultivieren. Orchideen sind unglaublich anpassungsfähig, aber man sollte sich dennoch über die Bedingungen informieren, in denen die Orchidee an ihrem natürlichen Standort lebt.*
*In den letzten Jahren haben sich zahlreiche Orchideenzüchter sehr intensiv mit der Freilandkultur auseinander gesetzt und auf diesem Gebiet bemerkenswerte Fortschritte erzielt.*

*Seite 188:* Orchis mascula *albino (Manns-Knabenkraut)*
*Oben: Jungpflanzen von* Cypripedium reginae.
*Rechts: Jungpflanzen von* Dactylorhiza incarnata

# Marienfrauenschuh **Cypripedium calceolus**

Der Standort sollte wie in der Natur halbschattig vor oder unter Bäumen bzw. Sträuchern sein. Das Substrat muss durchlässig mit hohem Kalkanteil sein. Sollte die vorhandene Erde diese Anforderungen nicht erfüllen, kann man Perlite oder Ähnliches beimischen. Die Rhizome ca. 3–5 cm tief pflanzen, dabei die Erde nicht andrücken. Darüber kann noch eine lockere Schicht Nadeln oder Laub gegeben werden. Winterschutz ist keiner erforderlich.

Ist *C. calceolus* einmal eingewachsen, werden die Horste regelmäßig größer. Das allergrößte Manko ist die Beschaffung von Pflanzen. Da die Aufzucht aus Samen verlustreich und defizitär ist, decken sich einige Händler mit Naturentnahmen ein. Beim Kauf sollte man daher unbedingt Rechnung und Nachzuchtbescheinigung verlangen. Düngen ist im Normalfall nicht nötig.

Begleitpflanzen: Buschwindröschen, Leberblümchen, Zyklamen, Aronstab, Hundszahn, Primeln, Frühlingsplatterbse, Lungenkraut, Storchschnabel, Seidelbast, Schattenblümchen, kleinwüchsige Farne.

## Visitenkarte

**Heimat**
Mittel- und Nordeuropa, Sibirien, Korea, China

**Standort**
Mischwälder, Fichten-Föhrenwälder, Halbschatten auf Kalk

**Pflanzengröße**
20–60 cm

**Blütengröße**
5–8 cm

**Blütezeit**
Mitte Mai bis Mitte Juni

*Oben:*
C. calceolus
*Links:*
Goldschuh
*Folgende Seite:*
Goldschuh

## Gelber Frauenschuh **Cypripedium flavum**

Diese Art stellt dieselben Ansprüche wie viele andere Frauenschuhe und kann mit diesen zusammen kultiviert werden. Feuchtigkeit und Lichtansprüche entsprechen etwa *C. calceolus*. Winterhärte ist ausreichend gegeben. Späte Fröste allerdings führen zu Schäden an den Triebspitzen, welche aber nicht zum Verlust der Pflanze führen. Der Gelbe Frauenschuh ist sehr wüchsig, teilt sich willig und verfügt über ein sehr kräftiges Wurzelsystem. Die Blüten von *C. flavum* zählen zu den variabelsten unter den Frauenschuhen. Die Palette spannt sich von Grünlich über sämtliche Gelbtöne, bis zu solchen mit rot getupftem Schuh. Im Laufe der Jahre laugen die vielen Wurzeln das umgebende Substrat stark aus und verlangen 1–2-mal jährlich ein Nachdüngen mit Volldüngern in halber Konzentration. Ältere Horste mit mehr als 30 Trieben sollten vorsichtig geteilt werden. Das ist zugegebener Maßen ein schwieriges Unterfangen, da die Wurzeln stark ineinander verwachsen und die Rhizome kurz sind. Das wichtigste Werkzeug ist ein scharfes Messer, da die einzelnen Teile mit einem präzisen Schnitt abzutrennen sind. Desinfizieren der Schnittstelle mit Aktivkohle verringert die Gefahr eines Pilzbefalles.
Begleitpflanzen wie unter *C. calceolus* angeführt.

### Visitenkarte

**Heimat**
Nord- und Westchina

**Standort**
Unter hohen Föhren und Kiefern bis 3000 m Höhe

**Pflanzengröße**
20–60 cm

**Blütengröße**
5–10 cm

**Blütezeit**
Ende Mai bis Anfang Juli

# Cypripedium-Hybriden

## Visitenkarte

**Heimat**
Hauptverbreitungsgebiete sind Amerika, Kanada, Sibirien und asiatische Gebiete

**Standort**
Fast alle wachsen am besten im Halbschatten von Bäumen und Sträuchern, nur einige Kreuzungen mit *C. reginae* vertragen auch hellere Standorte

**Pflanzengröße**
20–80 cm

**Blütengröße**
3–10 cm

**Blütezeit**
Mai bis Juli

Es gibt nur wenige Kreuzungen am Naturstandort. Der Großteil stammt aus Züchterhand, wobei die erste Hybride erst im Jahre 1986 entstand. Von den Naturhybriden wird hier lediglich *C. ventricosum* vorgestellt. Sie ist überall anzutreffen, wo die Elternarten *C. macranthos* und *C. calceolus* vorkommen, d.h. vom östlichen Russland über das gemäßigte nördliche Asien bis zur japanischen Insel Rebun. Entsprechend der Habitate der Elternarten wächst die Naturhybride in Krautfluren lichter Wälder und Gebüschen vom Gebirge bis in die Küstenbereiche. Die Farbe bewegt sich meist in verschiedenen Rosatönen. Sehr variable Hybridschwärme sind aus der Mandschurei bekannt.

Künstlich vermehrte Pflanzen lassen sich auch von Anfängern leicht kultivieren. Bei Naturentnahmen gibt es durch den langen Transport enorme Ausfälle. Kreuzungen aus Züchterhand gibt es inzwischen schon einige. Da diese Exemplare problemlos weiterwachsen, werden sie von Liebhabern den Naturentnahmen vorgezogen und tragen so zum Schutz dieser bei. Bekannte Züchter sind Raschun, Döpper, Frosch, Weinert und Whitlow.

Gesunde Pflanzen setzt man zeitig im Frühjahr oder Spätherbst unter Bäumen oder Büschen. Ein vorteilhaftes Wachstum konnte bei Fichten, Tannen, Föhren

oder Buchen festgestellt werden. Das Substrat sollte locker und kalkhaltig sein. Man pflanzt so tief, dass die Rhizome 2–5 cm unter der Oberfläche liegen. Die Pflanzerde darf keinesfalls angedrückt werden. Die fleischigen Wurzeln beginnen leicht zu faulen. Eine Mulchschicht aus Föhrennadeln, Buchenlaub oder Häckselgut erbringt gleichmäßige Feuchtigkeitsverhältnisse und unterbindet die Substratverdichtung durch Starkregen. Im Normalfall sind dann über die Jahre keine weiteren Arbeiten notwendig. Bei zu starkem Zuwachs der Begleitflora muss diese eventuell ausgelichtet werden. Düngergaben sind normalerweise nicht nötig. Auswahl der Begleitpflanzen wie unter *C. calceolus*. Vorsicht bei solchen, die zu einem dichten Wurzelballen oder starker Ausbreitung neigen. Als Beispiel ist hier das Maiglöckchen zu nennen.

Mit Schädlingen gibt es selten Probleme, abgesehen von Schnecken, die speziell den Neutrieb abfressen. Wurzelpilze können vor allem bereits geschädigte Rhizome und Wurzeln zerstören.

# Cypripedium macranthos Russischer Frauenschuh

**Visitenkarte**

**Heimat**
Sibirien, Nord-Ost-Cina, Japan, Korea

**Standort**
Im Halbschatten von Bäumen und Sträuchern

**Pflanzengröße**
20–40 cm

**Blütengröße**
5–10 cm

**Blütezeit**
Mai und Juni

Der Russische F. stellt dieselben Ansprüche wie *C. calceolus*. Es gibt Gebiete, in denen beide zusammen vorkommen und auch Naturhybriden *(C. ventricosum)* bilden.
Berühmt dafür ist das Gebiet um den Baikalsee. Da in Europa lediglich *C. calceolus* vorkommt, gibt es diese wüchsige Hybride hier leider nicht. *C. macranthos* ist eine begehrte Naturform, da sie fantastische Rottöne hervorbringt. Weiters gibt es noch rosa, rosa-weiße, rotbraune und rotviolette, selten weiße und als eigene Art gelbe Formen.
Die Beschaffung von Pflanzen war bis dato teuer und verlustreich, da meist ausgegrabene Pflanzen aus Russland im Handel waren. Durch den langen Transport wurden die Rhizome so geschädigt, dass nur wenige das erste Jahr überlebten. Vermehrt werden Jungpflanzen in vitro gezüchtet. Diese sind in der zuständigen Naturschutzstelle registriert und können legal erworben werden. Die Weiterkultur gestaltet sich einfach, wenn Bedingungen wie unter *C. calceolus* geschaffen werden. Auch die Begleitpflanzen sind dieselben.

Behaarter Frauenschuh

# Cypripedium pubescens

Im Aussehen unserem *C. calceolus* ähnlich, stellt er auch dieselben Ansprüche an Licht und Temperatur. Ein besseres Wachstum konnte beobachtet werden, wenn das Substrat bei guter Drainage feucht gehalten wird. Das Aufbringen einer Mulchschicht ist also empfehlenswert. Der ideale pH-Wert liegt bei 6–7, also neutral bis leicht sauer. Nebst der regelmäßigen Beschreibung neuer Varietäten können zwei Wuchstypen unterschieden werden. Zum einen gibt es sehr hohe Pflanzen mit großen Blüten, die eher einzeln wachsen. Der andere Typus wird höchstens 30 cm, bildet mächtige Horste und kommt in der Natur auf deutlich sonnigeren Plätzen vor. Im Normalfall bedarf es keiner Düngung. Sehr alte Stöcke mit mehr als 30 Trieben können geteilt werden. Dies geschieht am besten im Spätherbst. Winterschutz ist keiner erforderlich, ein Problem können Tauphasen mit Regen darstellen. An Schädlingen sind in erster Linie Mäuse und Schnecken zu erwähnen. Begleitpflanzen sind die selben wie bei *C. calceolus*.

**Visitenkarte**

**Heimat**
Ost-USA bis Südkanada

**Standort**
Wälder und Lichtungen auf feuchtem Humus sowie Moore bis 2000 m.

**Pflanzengröße**
25–70 cm

**Blütengröße**
5–10 cm

**Blütezeit**
Mai und Juni

# Cypripedium reginae Königsfrauenschuh

**Visitenkarte**

**Heimat**
NO-USA, Kanada

**Standort**
Lichte Wälder, Waldränder in Mooren und andere venässte Flächen

**Pflanzengröße**
30–80 cm

**Blütengröße**
7–15 cm

**Blütezeit**
Juni und Juli

*Nächste Seite:* Cypripedium reginae *und* Dactylorhiza-Hybriden

Der Königsfrauenschuh ist auch für Anfänger leicht im Garten zu halten. Er liebt lockeren Schatten und verträgt mehr Sonne als die meisten Cypripedien. Wie in der Natur ist ein dauerfeuchter Boden nötig, wobei die Rhizome nicht im Wasser stehen dürfen. Das Substrat ist so zusammengesetzt wie bei anderen Frauenschuhen, wobei sich das Beimischen von etwas Lehm positiv auswirkt. Der Königsfrauenschuh ist der »hungrigste« von allen. Eine Düngergabe im Frühjahr und Herbst mit stickstoffarmen Düngern ist anzuraten. Das Rhizom wächst knapp unter der Oberfläche, daher neue Pflanzen nicht zu tief setzen. Um bei längeren Trockenperioden das Austrocknen zu verhindern, kann man eine Mulchschicht aus Laub oder gehäckselten Zweigen aufbringen. In der Blütenfarbe ist der Königsfrauenschuh sehr einheitlich. Die Sepalen und Petalen sind weiß, das Labellum (Schuh) rosa bis rot. Jüngere Exemplare besitzen pro Stiel eine Blüte, stärkere zwei.
Selten gibt es reinweiße Exemplare, die auch in der Kultur schwieriger sind.
Begleitpflanzen: Mittelhohe Farne, Kuckuckslichtnelke, Bachnelkenwurz. Trollblume, Primeln, Schachbrettblume.

# Dactylorhiza fuchsii Fuchsens Knabenkraut
# Dactylorhiza maculata Geflecktes Knabenkraut

## Visitenkarte

**Heimat**
Mittel-, Nord- und Westeuropa, Russland

**Standort**
Feuchte Bergwiesen, Böschungen, in lichten Wäldern bevorzugt auf Kalk

**Pflanzengröße**
20–60 cm

**Blütengröße**
6–12 mm

**Blütezeit**
Juni und Juli

Dieses Knabenkraut kommt in der Natur teilweise noch häufig vor und bildet an geeigneten Stellen viele Samen. Es liebt den Halbschatten und ist in der Nähe von *C. calceolus* anzutreffen. In der Farbe der Blüten dominieren Rosatöne, wobei die Lippenzeichnung sehr variieren kann. Reinweiße Pflanzen sind ausgesprochen selten. Die Ansprüche an den Boden sind sehr gering, lediglich längere Trockenperioden oder Staunässe führen zu Verlusten. Für den Anfänger ist es eine empfehlenswerte Orchidee, da im Laufe der Jahre meist Sämlinge auftauchen.
Gepflanzt wird zeitig im Frühjahr oder Herbst nach dem Einziehen der Blätter. Bei starken Individuen kann die länglich geteilte Knolle leicht an die 15 cm erreichen, daher muss das Pflanzloch noch tiefer gegraben werden, da unter den Wurzeln das Substrat nicht verdichtet sein darf. Deshalb darf die Erde auch nicht angedrückt werden. Eine bessere optische Wirkung wird durch das Zusammenpflanzen mehrerer Knabenkräuter erreicht.
Begleitpflanzen wie Gelber Lerchensporn oder Buchsblättrige Kreuzblume heben die Orchideenblüten noch besser hervor.
Die beiden Speziesnamen *maculata* und *fuchsii* beziehen sich auf die Art samt Varietät.
Für den Laien sind sie nicht zu unterscheiden, lediglich der Fachmann kann sie aufgrund der Lippenform trennen.

# Dactylorhiza-Hybriden Knabenkräuter

**Visitenkarte**

**Heimat**
Verbreitet in gemäßigten bis alpinen Zonen

**Standort**
Meist sonnig und feucht

**Pflanzengröße**
20–60 cm

**Blütengröße**
5–15 mm

**Blütezeit**
Mitte Mai bis Ende Juli

Hierbei handelt es sich vorrangig um Kreuzungen von feuchtigkeitsliebenden Knabenkräutern. Häufig verwendete Elternteile sind *D. majalis, incarnata, praetermissa, foliosa, elata, urvilleana, purpurella, coccinea* und weitere. Wie auch bei anderen Kulturen sind die Hybriden leichter zu pflegen als die Mutterpflanzen. Je nach Kreuzungspartner zieht sich die Farbpalette von sämtlichen Rosa- und Rottönen bis zu dunklem Purpur. In Gruppen gepflanzt mit den passenden Begleitpflanzen ergeben sich attraktive Blickfänge. Was den Boden betrifft, sind diese Pflanzen nicht anspruchsvoll. Meist reicht es, der vorhandenen Erde reichlich Kalkschotter und einen Zuschlagstoff zur Bodenlockerung beizumischen. Viel wichtiger ist der Umstand, dass diese Knabenkräuter dauerfeucht stehen müssen. Dafür bietet sich der Teichrand oder eine künstlich geschaffene Senke in voller Sonne oder leichtem Schatten an. Die fingerförmig geteilten Knollen werden während ihrer Ruhezeit, in der sie blattlos sind, etwa 3 cm unter die Substratoberfläche gepflanzt. Nicht andrücken und sofort gießen!
Derzeit angebotene Hybriden sind winterhart und brauchen keinerlei Schutz. Die Pflege beschränkt sich auf das Entfernen von Beikräutern, welche die Dactylorhizen zu überwuchern drohen. Weiter entfernt sollte man wurzelstarke Arten wie Gelbe Sumpiris, Rohrkolben, Kuckuckslichtnelke, Gilbweiderich oder Binsen pflanzen. Aus mehreren Gründen ist auf den Blutweiderich gänzlich zu verzichten. Verträglicher sind da schon Mehlprimel, Pfeilkraut, Tannenwedel, Schachbrettblume, Herzblatt und Sumpfcalla.

# Dactylorhiza incarnata Fleischrotes Knabenkraut

## Visitenkarte

**Heimat**
Mittel- und Nordeuropa, Ostsibirien, Kaukasus, Nordspanien

**Standort**
Nasse Wiesen, Flachmoore, Quellsümpfe

**Pflanzengröße**
20–40 cm

**Blütengröße**
4–10 mm

**Blütezeit**
Ende Mai und Juni

Die Blüten dieser Art sind deutlich kleiner als bei anderen Knabenkräutern, die Farben variieren, wie der Name schon sagt, in rötlichen Tönen. Da das Farbspektrum in dieser Tönung aber stark streut, führte dies dazu, dass viele Arten, Unterarten, Varietäten und Formen publiziert wurden. Eine Sitte, die speziell bei Orchideen ausufert und den ganzen Komplex unüberschaubar macht. Die Anforderungen an Boden und Feuchtigkeit sind die selben wie bei *D. majalis,* allerdings verträgt das F. Knabenkraut nicht so hohe Düngergaben. Um eine bessere Wirkung zu erzielen, sollten kleine Gruppen zusammengepflanzt werden. Diese Art ist sehr winterhart.

Wie bei allen Knabenkräutern gibt es kaum Schädlinge. Es passiert aber immer wieder, dass Pilze, welche die alte verfaulende Knolle befallen, auch auf die neue übergreifen. Man beugt dem am besten vor, wenn man dem Substrat so wenig wie möglich organische Substanz beimengt.

Begleitpflanzen sind die selben wie bei *D. majalis* beschrieben.

# Breitblättriges Knabenkraut Dactylorhiza majalis

Unter den Dactylorhizen ist das Breitblättrige das früheste. Es gibt in der Natur noch Wiesen, die von weitem purpurrot von den Blütenständen dieser Orchidee leuchten. Oft kommt sie zusammen mit Wollgräsern vor, die diese Wirkung noch verstärken. Für den Ungeübten ist die Unterscheidung von ähnlichen Arten wie *D. lapponica*, oder *D. traunsteinerii* kaum möglich. Bezeichned für *D. majalis* ist seine Vorliebe für nährstoffreiche Böden. Bei zusagenden Bedingungen kann es im Garten angesiedelt werden, über Jahre blühen und sogar Sämlinge bilden. Zusagende Plätze sind der Teichrand oder künstlich angelegte Feuchtflächen in voller Sonne bis geringem Schatten. Als Substrat eignet sich lehmiger Kalkschotter, aber auch andere strukturstabile Mischungen. Winterhärte ist gänzlich gegeben, lediglich der Frost kann kleinere oder noch nicht eingewurzelte Knollen über das Substrat heben, wo sie im Frühjahr vertrocknen.

Geeignete Begleitpflanzen sind: Trollblume, Schachbrettblume, Kuckuckslichtnelke, Mehlprimel, Bachbungenehrenpreis, Sumpfvergissmeinnicht, Wollgras, usw.

## Visitenkarte

**Heimat**
Mittel- und Nordeuropa bis Russland, Nordspanien

**Standort**
Feuchtnasse Wiesen, Moore und Gräben, nährstoffreiche Böden

**Pflanzengröße**
20–40 cm

**Blütengröße**
7–14 mm

**Blütezeit**
Mai und Juni

# Epipactis palustris Sumpfstendelwurz

**Visitenkarte**

**Heimat**
Mittel- und Nordeuropa, Süditalien, Nordgriechenland

**Standort**
Moore, feuchte Wiesen, Bach- und Seeufer, Föhrenwälder

**Pflanzengröße**
15–60 cm

**Blütengröße**
10–20 mm

**Blütezeit**
Mitte Juni bis Mitte August

Wie schon aus Namen und Naturstandort ersichtlich, liebt diese Orchidee feuchte Plätze. Überraschenderweise werden immer wieder Standorttypen gefunden, die relativ trocken stehen. An passenden Stellen, wie kalkreiche Feuchtwiesen, gibt es oft riesige Bestände.

Da sie sehr anspruchslos ist, eignet sich die Sumpfstendelwurz bestens für Anfänger.

Sonnig oder leicht schattig beim Teich oder einem künstlich geschaffenen Feuchtbiotop gepflanzt, vermehrt sich die Epipactis über Rhizome. Die Ansprüche an das Substrat sind auch gering, lediglich Strukturstabilität und ein hoher Kalkanteil sind wünschenswert. Wie bei allen Erdorchideen gilt auch hier: Hände weg von Kompost und Gartenerde. Die schnelle Abgabe von noch dazu unbekannten Düngern führt zu hohen Verlusten. Wer sich je mit Epipactis beschäftigt hat, weiß, dass auf den Knospen und Blüten bald Blattläuse auftauchen. Da ein Einsatz von Pflanzenschutzmitteln die Blüte schädigen kann, ist ein händisches Entfernen die schonendste Methode. Den Rest sollten in der Natur vorhandene Nützlinge erledigen. Große Bestände lassen sich auch leicht teilen, da die Rhizome eine beachtliche Länge haben. Feuchtigkeitsliebende Begleitpflanzen wie unter *D. majalis* beschrieben, sind auch hier angebracht.

# Epipactis »Sabine«

*Epipactis Sabine* ist eine Kreuzung zwischen der europäischen *E. palustris* und der amerikanischen *E. gigantea.* Sie kommt durch die geographische Entfernung in der Natur klarerweise nicht vor, entstand also durch menschliche Züchtung. Von den Ansprüchen her ist sie mit dem ebenfalls beschriebenen Elternteil *E. palustris* ident. Während bei Letzterer in der Blütenfarbe Weiß dominiert, geht die Hybride in einen bräunlich-rosa Ton über. Ziehen alle Epipactis-Arten Blattläuse magisch an, so bildet *Sabine* hier keine Ausnahme. Es hat sich durch jahrelange Beobachtung gezeigt, dass gesunde Individuen durch den Befall keinen größeren Schaden erleiden. Bedenklich sind diese Tiere aber in allen Kulturen als Virusüberträger. Eine eventuelle Bekämpfung erfolgt wie bei *E. palustris.* Sind günstige Bedingungen geschaffen, so können bei größeren Beständen die Pflanzen durch Rhizomteilung vermehrt werden. Beide genannte Arten sind als Anfängerpflanzen einzustufen und stehen aus Nachzucht zur Verfügung. Alle anderen Stendelwurzarten sind in der Kultur schwieriger bis unmöglich. Sie sind, wenn überhaupt angeboten, meist Naturentnahmen.
Begleitpflanzen wie bei *D. majalis.*

**Visitenkarte**

**Heimat**
Hybride

**Standort**
Teichufer, künstliche Moore und Feuchtwiesen

**Pflanzengröße**
20–60 cm

**Blütengröße**
10–20 mm

**Blütezeit**
Mitte Juni bis Mitte August

# Gymnadenia conopsea Mücken-Händelwurz

## Visitenkarte

**Heimat**
Europa gemäßigte Zonen, im Süden nur im Gebirge, östlich bis China

**Standort**
Lichte Föhrenwälder, Magerrasen, kalkreiche Feuchtwiesen

**Pflanzengröße**
20–80 cm

**Blütengröße**
5–10 mm

**Blütezeit**
Ende Mai bis Mitte August

Da diese Orchidee vom Standort her sehr anpassungsfähig ist, kommt sie auch relativ häufig vor. Sie ist von der Ebene bis ins Gebirge anzutreffen und besiedelt sowohl Trockenrasen als auch feuchte Stellen in der prallen Sonne bis in halbschattige Föhrenwälder. Von der Höhenverbreitung her werden allerdings zwei Großsippen unterschieden. Ähnlich leicht zu halten ist sie bei uns im Garten. Meist reicht es, den vorhandenen Gartenboden mit Kalk anzureichern und durch Zuschlagstoffe wie Kies, Styropor oder Perlite aufzulockern. Die Knollen werden ca. 3 cm unter die Oberfläche gepflanzt und mit einer Mulchschicht aus Laub oder Nadeln abgedeckt. Dies bringt eine gleichmäßigere Bodenfeuchte. Die kleinen Blüten sind zahlreich und bilden dichte attraktive Kerzen in allen Rosatönen. Bei passenden Bedingungen erreichen einzelne Exemplare bis zu 80 cm. Selbst kälteste Winter können den Knollen nicht schaden. Selbstaussaat ist unter künstlichen Bedingungen eher selten. Leider wird diese attraktive Orchidee aus Nachzuchten selten angeboten.
Schädlinge sind kaum bekannt, sieht man von Schnecken ab. Begleitpflanzen sollten eher niedrig bleiben, da die schmalen Blätter sonst überwachsen werden.
Ähnlich im Aussehen und mit Ersterer zusammen vorkommend ist *G. odoratissima,* die Wohlriechende Händelwurz. Auch von den Ansprüchen her ist sie mit dieser ident.

*Oben:*
G. odoratissima
*Rechts:*
G. conopsea

# Die Gattung Pleione

Die gesamte Gattung besteht fast ausnahmslos aus terrestrisch wachsenden Orchideen. Es gibt auch wenige lithophytisch und sogar eine epiphytisch wachsende Art *(Pleione maculata)*. Die wohl bekannteste Vertreterin dieser Gattung ist *P. formosanum*.

Das Wachstum dieser Gattung folgt einem strengen Zyklus: Im Frühling beginnt die Pflanze aus blattlosen Bulben auszutreiben, in manchen Fällen entwickelt sich der Neutrieb auf der alten Bulbe. Man unterscheidet nun zwei Gruppen von Pleionen: Die erste Gruppe blüht im zeitigen Frühjahr, lange bevor der Neutrieb ausgewachsen ist, also im März und April. Die zweite Gruppe blüht erst im Herbst nach Fertigstellung des Neutriebes. In Kultur befinden sich meist die Arten, die im Frühjahr blühen. Ihre Kultur ist einfacher und für diese Gruppe gelten auch die folgenden Hinweise: Kurz nach oder während der Blüte werden die Blätter gelb und fallen ab. Die Pflanze zieht völlig ein, es folgt eine strenge Ruhezeit, die im Frühjahr mit Beginn des Wachstums endet.

Als Einzige von allen zeigt *P. limprichtii* eine völlige Winterhärte. Zu ihren größten Bedrohungen zählen Amseln, die scharrend auf Futtersuche die Bulben ausgraben.

**Visitenkarte**

**Heimat**
China, Indien, Taiwan (Himalajagebiet)

**Standort**
lithophytisch auf Steinen

**Pflanzengröße**
10 cm

**Blütengröße**
5–7 cm

**Blütezeit**
Mitte Mai bis Mitte Juni

*Oben und links:*
P. limprichtii

# Glossar

**Aggregat (agg.):** Gruppe nah verwandter Arten

**Albino:** Pflanze mit normalerweise farbigen Blüten, die aufgrund fehlender Farbstoffe weiße Blüten besitzt

**Ähre:** Blütenstand mit ausschließlich ungestielten Einzelblüten an der unverzweigten Hauptachse

**Anthere:** Staubbeutel, welcher die Pollinien enthält

**Areal:** Verbreitungsgebiet einer Pflanze

**Art:** Gruppe von Lebewesen, die sich untereinander fortpflanzen können und die sich durch gemeinsame Merkmale von anderen Arten unterscheiden

**Assimilation:** Aufbau körpereigener organischer Stoffe aus anderen Stoffen (siehe Photosynthese)

**autochthon:** in einem bestimmten Gebiet beheimatet, eingeboren

**Bastard:** siehe Hybride

**Biotop:** Lebensraum

**Blattachsel:** Winkel zwischen Sprossachse und Blatt, in dem eine Knospe entstehen kann

**Blütenstand:** blühender Teil der Pflanze und Anordnung der Blüten an einer Achse

**Blütenstiel:** Stiel einer einzelnen Blüte, der bei Orchideen meist in den unteren Teil des Fruchtknotens übergeht

**Brakteen:** Tragblätter

**Bulbe:** siehe Pseudobulbe

**Carapace:** innere Samenhülle

**Caudicula:** kleine Stiele der Pollinien

**Chlorophyll:** Blattgrün, grüner Pflanzenfarbstoff, der als Katalysator zur Photosynthese dient.

**endemisch:** Pflanzen, die nur in einem begrenztes Verbreitungsgebiet vorkommen und nirgends sonst

**Chromosomen:** Träger des Erbgutes

**Epiphyt:** eine Pflanze, die auf einer anderen Pflanze wächst, dieser jedoch keine Nährstoffe entzieht

**Familie:** Zusammenfassung näher miteinander verwandter Gattungen. Der wissenschaftliche Name hat die Endung -aceae

**fertil:** fruchtbar

**Fruchtknoten:** jener Teil der Blüten, in dem die Samenanlagen liegen, woraus sich nach der Bestäubung dann die Frucht entwickelt

**Fundort:** geographisch genau beschriebener Wuchsort einer Pflanze

**Gattung:** Zusammenfassung von Arten mit ähnlichen Eigenschaften. Der Name der Gattung wird dabei immer großgeschrieben und steht vor dem kleingeschriebenen Artennamen

**generative Vermehrung:** geschlechtliche Vermehrung

**Gattungshybriden:** Kreuzungen zwischen Arten verschiedener Gattungen

**Geophyt:** Pflanze mit unterirdischen Überdauerungsorganen

**Habitus:** äußeres Erscheinungsbild einer Pflanze

**Hybride:** Kreuzung zwischen Arten einer Gattung oder verschiedener Gattungen (Mehrgattungshybriden). Wurden zwei Pflanzen der gleichen Gattung gekreuzt, spricht man von Arthybriden

**Hyphen:** Einzellfaden, Grundelement der Pilze

**Infloreszenz:** Blütenstand

**intermediär:** in der Mitte liegend

**Internodium:** Stängelteil zwischen den Ansatzstellen der Blätter (Knoten)

**Kallus:** Verdickung oder fleischiger Auswuchs auf der Lippenoberfläche

**Kapsel:** trockene, aus mehreren Fruchtblättern bestehende Frucht; Samenhülse

**Kindel (Keikei):** Jungpflanzen, die vegetativ an der Mutterpflanze gebildet werden (bei den Gattungen Dendrobium und Phalaenopsis)

**Klon:** Pflanzen, die ungeschlechtlich vermehrt worden sind und von einer Mutterpflanze abstammen. Die Klone besitzen das gleiche Erbgut

**Knoten:** Blattansatzstelle am Stängel

**kreuzen:** Übertragung von Pollen von einer Blüte auf die einer anderen Pflanze, wobei die Nachkommen Kreuzung genannt werden

**Lippe (Labellum):** besonders ausgeprägtes inneres Blütenblatt, das als Landeplatz für die bestäubenden Insekten dient. Die Lippe unterscheidet sich häufig in Form und Farbe von den restlichen Blütenblättern.

**Lithophyt (lithophytisch):** Pflanze, die auf Steinen wächst

**Lux:** Maßeinheit für die Beleuchtungsstärke

**Mal:** glatter Bereich auf den Lippen der Gattung Ophrys

**Mediterranraum:** Mittelmeerraum

**Meristem:** ein Stück Pflanzengewebe, das teilungsfähig ist. Bringt man dieses Gewebe auf einen Nährboden aus, kann die Pflanze auf diese Weise vermehrt werden.

**Mimikry:** Nachahmung

**monopodialer Wuchs:** Die Pflanzen besitzen einen wachsenden Hauptspross, aus dessen Spitze neue Blätter entstehen (z. B. bei Vanda und Phalaenopsis)

**Morphologie:** Wissenschaft von der äußeren Gestalt

**Mutation:** sprunghafte Veränderung des Erbgutes

**Mykorrhizapilze:** Bodenpilze, die an oder in den Wurzeln von Pflanzen leben und für die Keimung von Orchideensamen unbedingt notwendig sind

**Myzel:** Vegetationskörper von Pilzen

**Narbe (Stigma):** Bereich der Blüte, auf dem die Pollen haften

**Panaschierung (Buntblättrigkeit):** verschiedenfarbige Muster oder Flecken an den Blättern, die durch das teilweise Fehlen von Blattgrün entstehen

**Nomenklatur:** Lehre von der Benennung der Pflanzen

**Parasitismus:** Lebensgemeinschaft, die nur von ihrem Wirt nimmt (Schmarotzer)

**pelorisch:** strahlig symmetrische Blüten

**Petalen (Kronblätter):** meist weiße oder farbige Blütenblätter, die innerhalb der Kelchblätter stehen; bei Orchideen die beiden Blütenblättern, die schräg gegenüber der Lippe stehen

**Photosynthese:** Aufbau organischer aus anorganischen Stoffen mit Hilfe der Sonnenenergie, dabei dient Chlorophyll (Blattgrün) als Katalysator

**Pollinien:** verklebte Masse von Pollenkörnern

**Protokorm:** Keimkörper der Orchideen

**Pseudobulbe (Scheinbulbe):** aus verdickten Blättern gebildete Scheinzwiebel, die als Speicherorgan für Wasser und Nährstoffe dient

**resupiniert:** die Lippe der offenen Blüte zeigt nach unten

**Rhizom:** niederliegend oder unterirdisch wachsende Sprossachse, die nach oben Triebe und nach unten Wurzeln ausbildet

**Rispe:** mehrfach verzweigter Blütenstand, der von den inneren oder unteren Zweigen zu den äußeren/oberen hin erblüht. Bei den Orchideen gibt es keine echten Rispen mit Endblüte.

**Rostellum:** Narbenlappen, der die Anthere von der empfängnisfähigen Narbenfläche trennt

**Rückbulben:** alte, blattlose Pseudobulben

**Saprophyt:** Pflanze, die von verwesenden Organismen lebt

**Säule:** miteinander verwachsene männliche und weibliche Blütenteile

**Schuh:** schuhförmig geformte Lippe bei einigen Orchideen

**Sepalen:** die drei äußeren Blütenblätter (Kelchblätter)

**Sorte:** eine durch vegetative Züchtung in Kultur entstandene Abweichung vom herkömmlichen Erscheinungsbild einer Art, Unterart oder Varietät

**Spezies:** Individuen einer Art, die in den wesentlichen Merkmalen übereinstimmen und sich miteinander kreuzen lassen

**Sphagnum:** Torfmoos (Gattung der Laubmoose)

**Sporn:** Ausstülpung am Grund der Lippe, die Nektar enthalten kann

**Spross:** jener Teil der Pflanze, die Blüten und Blätter trägt

**Standort:** ökologisch beschriebener Wuchsort einer Pflanze

**Stempel:** weibliches Fortpflanzungsorgan der Blüte (bestehend aus Fruchtknoten, Griffel und Narbe)

**Substrat:** Pflanzstoff, der bei Orchideen statt Blumenerde eingesetzt wird. Er besteht z. B. aus Rindenstücken, Styropor und anderen Zuschlagsstoffen.

**Symbiose:** Zusammenleben von verschiedenen Lebewesen, die einander gegenseitig nutzen

**Sympodialer Wuchs:** Sympodial wachsende Orchideen bilden jeweils aus dem Wurzelstock oder aus der Basis des letzten Triebes einen neuen Spross

**Synonym (abgekürzt Syn.):** gleichbedeutender Pflanzenname

**terrestrisch:** auf dem Erdboden wachsend

**Testa:** äußere Samenhülle

**Traube:** unverzweigter Blütenstand mit bestielten Blüten

**Varietät:** vom Normalen abweichende Form einer Pflanzenart

**vegetative Vermehrung:** ungeschlechtliche Vermehrung ohne Austausch von Erbmaterial

**Vegetationsruhe:** jene Periode, in der die Pflanze nicht wächst

**Velamen:** äußere Schicht der Orchideenwurzel, die aus abgestorbenen Zellen besteht. Dient als Speicher für Wasser und Nährstoffe, die aus der Luft aufgenommen werden. Die Wurzel wird so vor der Austrocknung geschützt.

**Viscidium:** Klebkörper, der zur Anheftung der Pollinien an das bestäubende Insekt dient

**zygomorph:** zweiseitig symmetrisch

# Artenverzeichnis

*Rechte Seite:*
Epipactis atrorubens